FALTPLAN

»Schreiben Sie uns!

Wir hoffen, dass Ihnen dieser Reiseführer gefällt und er Ihnen ein guter Begleiter auf einer außergewöhnlichen und spannenden Reise ist.

Weil ein Reiseführer von Erfahrungen lebt, sind wir an Ihren Erlebnissen interessiert: Haben Sie im Buch ein Restaurant entdeckt, das es nicht mehr gibt, eine Sehenswürdigkeit, die wir noch nicht aufgeführt haben, oder eine falsche Adresse? Dann schreiben Sie uns!

Wir nehmen jeden Hinweis und jede Kritik ernst und arbeiten kontinuierlich daran, die Bücher aktuell zu halten und immer weiter zu verbessern. Auch wenn wir nicht jeden Wunsch erfüllen können, machen wir uns immer Gedanken über Ihre Anmerkungen.

Schreiben Sie an: info@reise-know-how.de oder Reise Know-How Verlag Peter Rump GmbH, Postfach 140666, 33626 Bielefeld

Wenn sich Ihre Infos direkt auf das Buch beziehen, bitten wir um die Angabe der Seitenzahl und der Auflagennummer bzw. des Erscheinungsjahres. Besonders hilfreiche Beiträge belohnen wir mit einem Sprachführer Ihrer Wahl aus unserer „Kauderwelsch"-Reihe.

Herzlichen Dank und gute Reisen
Ihr Reise Know-How Verlag

Diesem Buch wurde hier ein herausnehmbarer Faltplan beigefügt.
Sollte er beim Erwerb des Buches nicht mehr vorhanden sein, fragen Sie bitte bei Ihrem Buchhändler nach.

AF637957

Liebe Leserin, lieber Leser,

ein unabhängiger Verlag für unabhängig Reisende – das sind wir, der Reise Know-How Verlag aus Bielefeld, eines der letzten Familienunternehmen in der Branche. Obwohl wir zu den größten Reiseführerverlagen Deutschlands gehören, ist der familiäre Umgang miteinander in allen Bereichen des Verlagslebens zu spüren: In der Geschäftsführung in zweiter Generation, in einer wertschätzenden Arbeitsatmosphäre, in der Nähe zu unseren frei arbeitenden Autorinnen und Autoren, im engen Austausch mit unseren Leserinnen und Lesern – und auch in der Zusammenarbeit mit Druckereien in Deutschland, in denen wir ausschließlich und regional unsere Bücher produzieren. Die sollen schließlich erst mit Ihnen auf große Reise gehen.

Alles, was wir in unsere Bücher und Landkarten stecken, soll Ihnen eines ermöglichen: Auf Ihre ganz eigene, individuelle Weise die Welt zu entdecken. Wir wünschen Ihnen viel Freude und unvergessliche Erlebnisse mit diesem Reiseführer.

Es grüßen herzlich
Peter Rump & Wayan Rump

Bozen und Meran – zwei ungleiche Geschwister

Eines vorweg: So ganz unterschiedlich sind die beiden Städte dann doch wieder nicht. Beide liegen in wunderschöner Alpenlandschaft, sie bieten beide die besondere Mischung aus italienischem Lebensgefühl und Südtiroler Tradition und beide haben neben ihren sehenswerten Altstädten auch wunderbare Wander- und Ausflugsmöglichkeiten in der Natur vorzuweisen.

Und doch sind die beiden Schwestern auch verschieden: Bozen oder Bolzano, wie die Italiener es nennen, ist das pulsierende Zentrum Südtirols, hier ist die bewegte Geschichte der Region hautnah spürbar. Gleichzeitig ist Bozen eine Stadt der Kontraste: Auf der einen Seite der Talfer das in Stein gemeißelte italienische Bozen aus der Zeit Mussolinis mit dem monumentalen Siegesdenkmal 13 und weiteren architektonischen Zeugnissen aus den 1920er- und 1930er-Jahren, auf der anderen Seite des Gebirgsflusses das verwinkelte Bozen des Mittelalters mit seinen überwiegend deutschsprachigen Bewohnern. Diese Kontraste sind spannend. Das Leben in der Studentenstadt ist jung und quirlig.

Meran dagegen ist die pittoreske und zugleich mondäne Schwester. Auch hier gibt es spannende Kontraste, doch sie scheinen etwas mehr zu verschwimmen. Alles wirkt etwas geruhsamer, mehr Harmonie scheint in der Luft zu liegen. Verstärkt wird dieser Eindruck durch den Blütenschmuck und die betörenden Düfte der Kurstadt. Das Publikum in Meran ist zudem durchschnittlich etwas älter als in Bozen.

Gleichwohl sind beide Städte eine Reise wert und man sollte sich keine der beiden „Südtiroler Metropolen" entgehen lassen – aufgrund ihrer Nähe zueinander kann man sie perfekt kombinieren.

Der Autor

Der gebürtige Bayer **Sven Eisermann** pflegt seit seiner Kindheit eine enge Beziehung zu den Tiroler Nachbarn. Im Laufe der Jahre hat er seine Fühler auch regelmäßig nach Südtirol ausgestreckt und sich ein großes kunstgeschichtliches Wissen angeeignet, wobei es ihm besonders die Region zwischen Bozen und Meran angetan hat. „Hier, zwischen dem Ritten und dem Dorf Tirol, verfließen die Unterschiede zwischen alpiner Berglandschaft und mediterranem Flair; hier trifft schroffe Bergwelt auf südländische Vegetation, Knödel auf Pasta und Bier auf Wein", schwärmt der Autor. Als ambitionierter Fotograf hat er auch viele Fotos dieses Bandes beigesteuert. Von Sven Eisermann sind bei Reise Know-How ferner Reiseführer über Tirol, Innsbruck, München, Linz, Wien, Passau und Bratislava erschienen.

090bm-se

Inhalt

MEIN TIPP

Vor der Reise erledigen

In der Hauptsaison kann es vor dem **Südtiroler Archäologiemuseum** 11 zu langen Schlangen kommen. Es empfiehlt sich deshalb, einen Besuch der Eismumie **Ötzi** drei Tage im Voraus zu reservieren.

Spätgotische Architektur in Perfektion: die Kirche des Franziskanerklosters 10 in Bozen (084bm ©Rolandst, stock.adobe.com)

Cleveres Nummernsystem

Die Sehenswürdigkeiten sind im Text und im Kartenmaterial mit derselben **magentafarbenen ovalen Nummer** ① markiert. Alle anderen Lokalitäten wie Geschäfte, Restaurants usw. tragen ein **Symbol und eine fortlaufende rote Nummer** (1). Die Liste aller Orte und die Zeichenerklärung befinden sich im Anhang.

Bewertung der Sehenswürdigkeiten

★★★ nicht verpassen
★★ besonders sehenswert
★ wichtig für speziell interessierte Besucher

Planquadrat im Kartenmaterial

[A1] Orte ohne diese Angabe liegen außerhalb unserer Karten. Alle Ortsmarken werden in der buchbegleitenden Web-App angezeigt (s. S. 141).

Alle weiteren Benutzungshinweise s. S. 143.

080bm-nw

Auf Städtetrip in Südtirol

Bozen und Meran sind die beiden größten Städte **Südtirols (ital. Alto Adige)**, wenngleich Meran nicht einmal halb so groß ist, was die Einwohnerzahl betrifft. **Bozen (ital. Bolzano)** ist die unumstrittene **Hauptstadt Südtirols** (amtlich: Autonome Provinz Bozen – Südtirol) und dessen wirtschaftliches Zentrum. Als kleine Schwester Bozens wird sich **Meran (ital. Merano)** jedoch nicht bezeichnen lassen. Schließlich war die **Kurstadt** an der Passer einst sogar Hauptstadt ganz Tirols und im 19. Jahrhundert mondäner Treffpunkt der gut betuchten Gesellschaft Europas. Pro Kopf kommen auf Meran auch heute noch deutlich mehr Touristen als auf Bozen.

Wenn man die **Sehenswürdigkeiten** der beiden Städte betrachtet, so sind sie sich gar nicht so unähnlich. Beide haben quasi als mittelalterliches Rückgrat die **Lauben** 5 und 33 mit ihren überdachten Ladenzeilen, beide besitzen einen repräsentativen Hauptplatz neben Dom bzw. Pfarrkirche, beide liegen an rauschenden Gebirgsflüssen in einem Talkessel und beide warten mit herrlichen **Aussichtspromenaden** auf – Bozen mit der **Oswaldpromenade** 16 und Meran mit dem **Tappeinerweg** 29. Gleichzeitig befinden sich jeweils in Zentrumsnähe zwei der bedeutendsten **Burganlagen** Südtirols: bei Bozen **Schloss Runkelstein** 19 und oberhalb Merans **Schloss Tirol** 39. Selbst den **Ötzi** (s. S. 38) haben beide Städte in gewisser Weise gemeinsam: im Hochgebirge nordwestlich Merans wurde er entdeckt, im **Südtiroler Archäologiemuseum** 11 in Bozen ist er zu bestaunen.

Mit dem nahe gelegenen, modernen **Museion** 12 ist Bozen vielleicht etwas mehr Museumsstadt, wenngleich sich auch Meran mit dem **Palais Mamming Museum** 31 und dem **Frauenmuseum** 35 nicht verstecken muss.

⌃ *Bozen ist mit über 100.000 Einwohnern die größte Stadt Südtirols*

Generell ist Meran die etwas noblere Stadt, dafür ist **Bozen** quirliger und zudem stärker **italienisch geprägt:** Während sich die deutsch- und italienischsprachige Bevölkerung in Meran fifty-fifty aufteilen, sprechen in Bozen drei von vier Einwohnern Italienisch als Muttersprache. Als Universitätsstadt ist Bozen zudem eine junge Metropole. Bei den Meran-Besuchern überwiegen die etwas älteren Semester. Das mag auch am Klima liegen, welches dort noch etwas angenehmer ist als in Bozen – zumindest im Hochsommer.

Doch egal ob Alt oder Jung: Auf jeden Fall sind beide Städte gleich sehenswert und sollten nach Möglichkeit auch beide besucht werden. Man muss sein Quartier aber deshalb nicht unbedingt in beiden Städten aufschlagen. Durch die **geografische Nähe** von lediglich gut 30 Kilometern und die hervorragende **Bahnverbindung** (Details s. S. 117) zwischen beiden Städten bietet es sich geradezu an, einen **Tagesausflug** in die jeweilige Nachbarstadt zu unternehmen. Daneben pendelt ein **Bus** zwischen den beiden Städten. Auch eine **Fahrradtour auf dem Etschtal-Radweg** (s. S. 64) ist möglich.

Zur richtigen Zeit am richtigen Ort

Vom Frühling bis zum Advent sorgen in Bozen und Meran unterschiedlichste Veranstaltungen für die Unterhaltung von Einheimischen wie Gästen. Beliebte Örtlichkeiten sind in Bozen der Waltherplatz 1 und die Altstadt, in Meran ebenfalls Altstadtgassen und die Passerpromenade. Das Spektrum reicht von zünftigen **Traditionsveranstaltungen** über **sportliche Events** bis hin zu **Kultur- und Musik-Festivals.** Doch auch in den Vororten und Dörfern rund um die beiden Stadtzentren rührt sich das ganze Jahr über etwas: Im Dorf Tirol 38 finden regelmäßig Konzerte statt; in den Weinbauregionen werden im Herbst die gekelterten Schätze der Reben im Rahmen des **Törggelen** präsentiert.

Die Wandelhalle, eine Perle des Jugendstils, schmückt die Winterpromenade 24 in Meran

046bm-se

Aktuelle Informationen über **Veranstaltungen** in Bozen und Meran liefern diese Websites:

- https://events.gemeinde.bozen.it
- www.gemeinde.meran.bz.it/de/Leben_in_Meran/Veranstaltungen

Feiertage

In Südtirol gelten dieselben Feiertage wie in ganz Italien:

- 1. Januar: **Neujahr**
- 6. Januar: **Dreikönigstag**
- März/April: **Ostersonntag** und **Ostermontag**
- 25. April: **Tag der Befreiung Italiens**
- 1. Mai: **Tag der Arbeit**
- Mai/Juni: **Pfingstsonntag** und **Pfingstmontag**
- 2. Juni: **Tag der Republik**
- 15. August: **Mariä Himmelfahrt**
- 1. November: **Allerheiligen**
- 8. Dezember: **Mariä Empfängnis**
- 25. Dezember: **Weihnachten** (Christtag)
- 26. Dezember: **Weihnachten** (Stephanitag)

Bozen

April bis Juni

- **Bolzano Film Festival** (April): Kleines, aber feines, mehrtägiges Filmfestival mit anspruchsvollen Spiel-, Dokumentar- und Kurzfilmen (http://filmfestival.bz.it).
- **Bozner Weinkost** (April): Auf Schloss Maretsch 15 bieten dutzende Winzer aus der Region ihre Produkte an. Neben den edlen Tropfen gibt es auch kulinarische Leckerbissen.
- **Spring in the City** (April): Etliche Marktstände bieten Spezialitäten, Frühlingsdekoration, Ostereier und Kunsthandwerk. Speziell für Familien mit Kindern gibt es ein buntes Programm mit Basteln, Karussell usw. (www.bolzano-bozen.it/de/bozner-fruehling.htm).
- **Bozner Frühling** (April): Im Rahmen der Veranstaltung „Kunstgarten Bozen“ gibt es in der Stadt den ganzen Monat lang zeitgenössische Kunstinstallationen, Blumendekorationen und ein Programm aus Tanz, Musik und Theater (www.bolzano-bozen.it/de/bozner-fruehling.htm).

In Südtirol legt man großen Wert auf Traditionen

003bm ©IDM Südtirol/Frieder Blickle

004bm ©LianeM, stock.adobe.com

- **Bozner Blumenmarkt** (April/Mai): Zum Abschluss des Bozner Frühlings (s. S. 8) wird der Waltherplatz zu einem Blumenmeer und zu einer Fundgrube für Gartenliebhaber.
- **Castelronda** (Juni): Die Burgen rund um Bozen öffnen ihre Pforten und präsentieren ihre Schätze, umrahmt von mittelalterlichen Kostümaufführungen (www.bolzano-bozen.it/de, unter „Events"/„Castelronda").
- **Südtirol Jazzfestival Alto Adige** (Ende Juni/Anf. Juli): Ganz Südtirol ist im Jazzfieber; einen wichtigen Hotspot bildet natürlich die Hauptstadt Bozen (www.suedtiroljazzfestival.com).

Juli bis August

- **Tanz Bozen** (Juli): Die europäische Tanzszene gibt sich ein Stelldichein. Neben hochkarätigen Aufführungen werden Tanz-Workshops angeboten (www.tanzbozen.it).
- **St. Magdalener Kirchtag** (Juli): Immer am 22. Juli findet zu Ehren der Dorfpatronin in dem kleinen Weinort Sankt Magdalena 17 ein Kirchtag mit Weinverkostung und Musik statt (www.magdalener.it).
- **KLANGfeste** (Juli): Weltmusik, modern interpretierte Volksmusik, Jazz und mehr – verschiedene Konzerte werden u. a. auf Schloss Runkelstein 19 veranstaltet (https://kulturinstitut.org/klang-feste-musicali).
- **Bolzano Festival Bozen** (Juli–Sept.): Klassische Musik mit renommierten Solisten und Dirigenten. Die Veranstaltungen finden an unterschiedlichen Orten statt – vom Stadttheater (s. S. 67) über den Waltherplatz bis hin zu den Kirchen und Schlössern der Stadt (www.bolzanofestivalbozen.eu).
- **Lorenzinacht** (Aug.): Die Weinbauern rund um Bozen präsentieren in der Altstadt ihre edlen Tropfen, umrahmt von einem bunten Programm (www.bolzano-bozen.it/de, unter „Events"/„Lorenzinacht").

September bis Dezember

- **Transart Festival** (Sept.): Das Festival zeitgenössischer Kultur steht im Zeichen des Experiments und bietet Musik und

Schloss Maretsch 15 wird im Juni zur Bühne des Castelronda-Festivals

Kunst der Gegenwart an ungewöhnlichen Schauplätzen eine Bühne. Der multimediale Charakter steht im Vordergrund (www.transart.it).

- **Törggelen** (Okt.–Advent): Wer im Herbst nach Südtirol kommt, sollte sich diese kulinarische Besonderheit auf keinen Fall entgehen lassen. Etliche Höfe im Umland von Bozen verwöhnen die Gaumen der Besucher mit den typischen Leckereien der Region, natürlich auch mit Wein (s. S. 12). Die Zeit rund um das Erntedankfest (Mitte Oktober) ist überhaupt eine Zeit für Genießer. Dann bieten die Bauern der Region die leckeren Schätze des Sommers an – Obst, Kastanien und viele weitere Spezialitäten.
- **Bozner Christkindlmarkt** (s. unten)
- **Silvester:** In den Straßen Bozens rührt sich in dieser Nacht einiges. Einheimische und Touristen begrüßen gemeinsam das neue Jahr (www.bolzano-bozen.it/de, unter „Events"/„Silvesterfeier").

Meran

März bis Juni

- **Meraner Frühling** (Ende März–Anf. Juni): Im Frühjahr blüht die Stadt im wahrsten Sinne des Wortes auf. Fantasievoll gestaltete Pflanzenskulpturen verschö-

MEIN TIPP

Bozner Christkindlmarkt

Im Advent – genauer gesagt von **Ende November bis Anfang Januar** – verwandelt sich der **Waltherplatz** 1 in eine weihnachtliche Genusslandschaft. Rund 80 Stände bieten Weihnachtsgeschenke – von Schmuck über Glas und Keramik bis hin zu lokalem, handgearbeiteten Kunsthandwerk.

Daneben gibt es Leckereien wie den berühmten **Bozner Zelten** – eine kuchenartige Spezialität, unter anderem hergestellt aus getrockneten und kandierten Früchten sowie Nüssen.

Die **verschneite Bergkulisse** rund um Bozen verleiht dem Treiben einen besonderen Reiz. Im Gegensatz zu den großen Weihnachtsmärkten in Deutschland wirkt alles etwas besinnlicher. Auch viele mittelalterliche Häuserfassaden und die Geschäfte der Lauben 5 erstrahlen in vorweihnachtlichem Glanz.

- **Infos:** www.christkindlmarktbz.it

005bm ©Antonio Gravante, stock.adobe.com

074bm-se

▫ *Im katholischen Südtirol sind Kruzifixe allgegenwärtig – dieses hier befindet sich auf dem Ritten* ⓴ *in Klobenstein*

nern Straßen und Plätze beim **Merano Flower Festival.** Daneben wird ein abwechslungsreiches Kunst- und Kulturprogramm geboten (www.merano-suedtirol.it, unter „Stadt und Kultur"/„Frühling in Meran").

- **Haflinger Galopprennen** (Ostern): Das jährlich am Ostermontag stattfindende Pferderennen der gutmütigen Haflinger leitet die Rennsaison ein und ist ein echter Meraner Geheimtipp mit Musik und guter Laune. Veranstaltungsort ist der Pferderennplatz (s. S. 111).
- **Asfaltart** (Juni): Bereits seit 14 Jahren findet das Festival der Straßenkünstler regelmäßig statt. Für Abwechslung in den Gassen und auf den Plätzen sorgen Gaukler, Clowns, Akrobaten und Pantomimen (www.asfaltart.it).

Juli bis September

- **Dienstagabend in Meran** (Juli–Aug.): An den Meraner Sommerabenden finden an ausgewählten Dienstagen Konzerte und Aufführungen statt (www.merano-suedtirol.it/de/meran/info-service/veranstaltungen/dienstagabend-in-meran.html).
- **Festival MeranOjazz** (Juli): Das Jazzfestival von Merano wird direkt im Anschluss an das **Südtirol Jazzfestival Alto Adige** (s. S. 9) veranstaltet, das ebenfalls mit Konzerten in der Stadt lockt (www.meranojazz.it).
- **Midsummer Night** (Juli/Aug.): Konzertreihe im Stadtzentrum mit freiem Eintritt (www.merano-suedtirol.it/de/meran/info-service/veranstaltungen/midsummer-night.html)
- **Südtirol Festival Merano** (Aug./Sept.): Bei den europaweit renommierten **Meraner Musikwochen** geben sich Klassik-Stars die Klinke in die Hand. Die stilgerechte Kulisse bildet dabei der herrliche Kursaal des Kurhauses ㉕ (www.meranofestival.com).
- **Großer Preis von Meran** (Sept.): Die internationale Pferdesport-Elite gibt sich beim prestigeträchtigen und hoch dotierten Hindernisrennen Europas ein Stelldichein. „Sehen und gesehen werden" lautet die Devise des herausgeputzten Publikums auf dem Pferderennplatz.

Oktober bis Dezember

- **Törggelen** (Sept.–Nov.): Kastanien, Knödel, Wein und Co. – etliche Höfe im Umland Merans stellen die typischen Gaumenfreuden der Region vor (s. S. 12).
- **Internationales Brassfestival** (Okt.): An mehreren Tagen finden Blech-

007bm-se

bläserkonzerte im Kursaal statt (www.brassfestival.net).

- **Traubenfest** (Okt.): Das Genussfest mit musikalischer Begleitung ist eine einzige Huldigung an den Wein, der im Oktober gelesen wird (www.merano-suedtirol.it/de/meran/info-service/veranstaltungen/traubenfest-meran.html).
- **Merano Winefestival** (Nov.): Südtiroler und internationale Weine werden im Rahmen der mehrtägigen Veranstaltungsreihe präsentiert (https://meranowinefestival.com).
- **Meraner Weihnacht** (Dez.): Das Passer-Ufer verwandelt sich im Advent in eine romantische Winterlandschaft. Es herrscht eine angenehme, authentische und unaufgeregte Stimmung (http://weihnacht.meran.eu).
- **Silvester:** Bereits tagsüber lockt ein buntes Programm und zum Jahreswechsel eine Mitternachtsshow.

KURZ & KNAPP

Törggelen

Wenn der Herbst die Blätter der Bäume verfärbt und die Südtiroler Landschaft in ein wunderbares Licht taucht, beginnt die Zeit des Törggelens, die sich **von Oktober bis zum Advent** Ende November zieht. Es ist eine Zeit für leibliche Genüsse, insbesondere auf den Höfen des Umlands von Meran und Bozen. Die Geschichte dieser kulinarischen Tradition reicht weit zurück: Einst trafen sich im Herbst die Südtiroler Bauern und Weinhändler, um den **jungen Wein** zu verkosten. Heute sind neben den edlen Tropfen und Traubenmost etliche **Südtiroler Schmankerln** wie Schlutzkrapfen, Knödel oder Kaminwürste mit Sauerkraut Bestandteil des Törggele-Mahls. Zum Abschluss gibt es gebratene Kastanien und süße Krapfen.

Aus den Südtiroler Trauben entsteht im Herbst der junge Wein – dann ist Zeit für das Törggelen

091bm ©Ingo Bartussek, stock.adobe.com

Bozen verstehen

Bozen – ein Porträt

Mitten in den **Alpen** gibt es nicht viele Großstädte. Das liegt schlicht und einfach daran, dass die engen Gebirgstäler in der Regel ein allzu starkes Städtewachstum verhindern. Bei Bozen hat die Geografie eine Ausnahme gemacht: In dem relativ großen **Talkessel,** an dem sich die **Flüsse Etsch, Eisack und Talfer** aus ihren Tälern ergießen, konnte sich die Stadt Bozen ausbreiten und zu der für die Alpenregion ungewöhnlichen Größe anwachsen. Heute leben hier mehr als 100.000 Einwohner. In all seiner Größe und Pracht präsentiert sich das Bozner Häusermeer von einer der vielen Anhöhen, die das Becken umgeben – sei es von der **Oswaldpromenade** 16 oder von dem Bergdorf **Kohlern** 21 aus.

Der Fluss **Talfer** – auf Italienisch **Talvera** – teilt Bozen in **zwei Hälften:** auf der östlichen Seite das mittelalterliche, tirolerisch geprägte Bozen, auf der westlichen Seite das italienischsprachige Bozen, das großteils erst nach dem Ersten Weltkrieg erbaut wurde und in dem unter Mussolini die Neubürger eine Heimat fanden (s. Stadtspaziergang durch „Mussolinis Bozen" auf S. 42). Unweit der Bozner Altstadt absolviert der Gebirgsfluss Talfer seine letzten Kilometer, ehe sich sein Gebirgswasser unterhalb der Drususbrücke in den Eisack ergießt.

Den meisten Bozen-Reisenden werden große Teile der Stadt verborgen bleiben – insbesondere der bevölkerungsreiche Teil westlich des Talfer-Flusses und das Bozen südlich des Eisacks sind touristisch gesehen eher unattraktiv. Das Hauptaugenmerk der Besucher wird sich auf jenes Bozen zwischen Bahnhof und Talfer richten: auf das **alte Bozen** mit dem belebten **Waltherplatz** 1, der guten Stube der Stadt, auf die mittelalterlichen Gassen und die spektakulären Museen. Dieser kompakte und mit Sehenswürdigkeiten reich bestückte Stadtkern hat den Vorteil, dass der Besucher fast alle Highlights **zu Fuß entdecken** kann, ohne große Entfernungen überwinden zu müssen. Auch der **Bahnhof** [I D4] liegt so zentral wie in kaum einer anderen Großstadt – man muss das Bahnhofsgebäude nur verlassen und ist schon mittendrin im Geschehen.

Gleichwohl präsentiert sich Bozens Zentrum äußerst abwechslungsreich: **Kirchenliebhaber** wird es in einige der kunsthistorisch interessantesten Gotteshäuser Norditaliens ziehen: etwa in den **Dom Maria Himmelfahrt** 2, ins **Dominikanerkloster** 3 mit seiner Freskenpracht oder zum **Franziskanerkloster** 10 mit seinem stimmungsvollen Kreuzgang. **Shoppingfans** flanieren durch die angesagtesten Bou-

Vorseite: Walther von der Vogelweide überblickt den nach ihm benannten Platz 1

KURZ & KNAPP

Bozen in Zahlen

- **Gegründet:** 769
- **Einwohner:** 106.600 (Stand 2022)
- **Fläche:** 52,3 km²
- **Höhe ü. M.:** 262 m (Zentrum)
- **Stadtbezirke:** Zentrum-Bozner Boden-Rentsch, Don Bosco, Oberau-Haslach, Europa-Neustift, Gries-Quirein

016bm ©costadelsol, stock.adobe.com

tiquen der **Lauben** 5 oder über den **Obstmarkt** 4 mit seinen Delikatessen. **Kunstliebhaber** zieht es ins moderne **Museion** 12 am Talferufer. Die meisten Touristen kombinieren alle drei Bereiche. Und dann gibt es natürlich noch den weltberühmten **Ötzi** (s. S. 38), dem man im **Südtiroler Archäologiemuseum** 11 einen Besuch abstatten sollte.

Viele Bozner zieht es in ihrer Freizeit auf die **Promenaden,** etwa die Oswaldpromenade 16 oder die Wassermauerpromenade 14. Letztere führt direkt vom Zentrum zu den grünen Lungen der Stadt, den **Talferwiesen,** die sich rechts und links des rauschenden Gebirgsbachs erstrecken. Zwar ist Bozen nicht ganz so grün wie Meran, doch sind auch hier viele Straßen mit Bäumen bepflanzt. Selbst in den Altstadtgassen trifft man auf blütenreiche Vegetation.

Rund um die Altstadt gruppiert sich eine ganze Armada an alten Burgen und Ruinen, von denen einige nicht weit entfernt vom Zentrum zu finden sind – etwa **Schloss Maretsch** 15 oder die berühmte Bilderburg **Schloss Runkelstein** 19.

Über **Seilbahnen** ist die Stadt mit den sie umgebenden Anhöhen verbunden. Der **Ritten** 20 und die Gemeinde **Jenesien** 23 sind gewissermaßen die Sonnenterrassen der Stadt und bilden für Stadtbewohner wie Besucher eine willkommene Fluchtmöglichkeit in die **Südtiroler Natur** – Dolomitenblick inklusive. Und dann ist da zwischen den Häusern aus Stein und den felsigen Anhöhen noch der Wein. Gleich einem grünen Band umschlingen die **Weinberge** große Teile Bozens. In den umliegenden kleinen Dörfern wie **Sankt Magdalena** 17 ragen alte Kirchtürme aus der alten Kulturlandschaft.

In Bozen stammen viele Gebäude aus der Zeit um 1900, wie hier in der Sparkassenstraße [I A3–B2]

Geschichte

Frühzeit und Antike

Zwar wird bereits in der Antike von einem **römischen Posten** namens *Pons Drusi* berichtet, den Drusus auf seinem Germanienfeldzug passiert haben dürfte und auch die Reste einer frühchristlichen Kirche im Bereich des Doms 2 sprechen für eine frühe Besiedelung Bozens, allzu viel aus der Frühzeit der Stadt ist jedoch nicht bekannt. Während der Völkerwanderung am Übergang der Antike ins Mittelalter wurde der Talkessel wegen seiner Malaria-Sümpfe und Hochwasser gemieden; die Besiedelung konzentrierte sich auf die Anhöhen wie den benachbarten **Ritten** 20. Dort fand man etliche Relikte aus der Vorzeit. Ferner scheinen viele Kirchen auf alten Kultplätzen zu stehen.

010bm-se

Ab dem 7. Jh. gelangte die ursprünglich rätoromanische Bevölkerung unter den Einfluss **germanischer Völker** aus dem Norden, insbesondere der **Baiern** – 679 wird ein bairischer Graf von Bozen erwähnt. Spätestens in dieser Zeit setzt sich auch die deutsche Sprache in der Region durch. Die rätoromanische Sprache wie das heute noch existierende Ladinisch wird in die abgelegenen Bergtäler verdrängt.

Vom Mittelalter bis zur Gegenwart

769: Der bairische Herzog Tassilo III. ist urkundlich als Besucher Bozens nachgewiesen – „in Bauzono rediente de Italia", also „in Bozen auf der Rückkehr von Italien", bezeugt den bairischen Einfluss.

1170–1202: Die Grafschaft Bozen geht von den Bischöfen aus Trient zunächst an die Vögte des Bistums Brixen über, danach an die Grafen von Tirol. Um 1170 kann auch von der planmäßigen Gründung Bozens als städtische Marktsiedlung gesprochen werden. Seither fungiert Bozen als wichtigster Handelsplatz zwischen Venedig und Augsburg. Spätestens seit 1202 sind bedeutende Märkte belegt.

1381: Vom österreichischen Herzog Leopold III. wird Bozen das heutige Stadtwappen verliehen. Es zeigt die umgekehrten österreichischen Farben Rot und Weiß sowie einen goldenen Stern, der wohl auf die Muttergottes *(stella maris)* als Patronin der Pfarrkirche Maria Himmelfahrt 2 verweist.

1487: Die Bozner Märkte werden aufgrund kriegerischer Auseinandersetzungen zwi-

◁ Der Stern im Bozner Stadtwappen symbolisiert wohl Maria als „Stella maris" („Stern des Meeres")

▷ Der Najadenbrunnen auf dem Gerichtsplatz vor dem Justizpalast [I bf]

schen Österreich und Venedig nach Mittenwald (heute Oberbayern) verlegt. Erst 1679 kehren sie zurück nach Südtirol.

1635: Durch die Tiroler Landesfürstin Claudia von Medici wird ein Merkantilmagistrat (ein deutsch-italienisches Sondergericht für Handelsangelegenheiten) eingerichtet, was sich ausgesprochen positiv auf das Fortbestehen des Fernhandels auswirkt.

1805–1814: Im Zuge der napoleonischen Wirren gehört Bozen kurzzeitig zu Bayern sowie zum napoleonischen Königreich Italien, ehe es in den österreichischen Schoß zurückkehrt.

1800–1847: Niedergang Bozens als internationaler Handelsplatz

1833: Königlicher Besuch aus Bayern: König Ludwig I. weilt auf Schloss Runkelstein (19) und trägt sich ins dortige Gästebuch ein.

1848/1849: Die Revolution hat Auswirkungen für Bozen. Das liberale Bürgertum gewinnt an Einfluss. Gleichzeitig beginnt sich der Tourismus zu entwickeln.

1889: Das Selbstbewusstsein des deutsch-nationalen Bürgertums findet Ausdruck in der Einweihung des monumentalen Denkmals zu Ehren Walthers von der Vogelweide auf dem Waltherplatz (1).

1895–1918: Unter dem Bürgermeister Dr. Julius Perathoner werden bedeutende Bauvorhaben wie das Stadtmuseum (s. S. 62), das Theater oder die Wassermauerpromenade (14) realisiert.

1918: Ende des Ersten Weltkriegs besetzen italienische Truppen Südtirol. Bis heute gehört die Stadt seither zu Italien.

1922–1934: Die faschistische Italianisierung führt in der einstmals überwiegend deutschsprachigen Stadt zu einer italienischen Bevölkerungsmehrheit. Bewohner aus dem Süden Italiens werden angesiedelt, Industriebetriebe und neue Stadtteile entstehen. Das faschistische Überlegenheitsgefühl drückt sich architektonisch in Repräsentationsbauten wie dem Siegesdenkmal (13) aus.

1939: Nachdem die Hoffnungen der Deutsch-Südtiroler auf einen Anschluss an das Deutsche Reich zerstört sind, optieren viele Bozner für die Auswanderung ins Reich. Der andere Teil entscheidet sich dafür zu bleiben.

011bm-se

Die Südtiroler Frage – eine komplizierte Geschichte

So mancher Südtirol-Besucher fragt sich bis heute, warum hier im Norden Italiens überwiegend Deutsch gesprochen wird. Und wenngleich Südtirol in den Köpfen der meisten Menschen längst ein integraler Bestandteil Italiens ist, stellen sich doch immer wieder Fragen zur Südtiroler Identität, die eng mit der Geschichte des 20. Jahrhunderts verbunden sind.

Bis 1918 waren Südtirol und das Trentino über 500 Jahre Bestandteil des österreichischen Habsburgerreichs. Dies änderte sich schlagartig mit der Niederlage Österreichs im Ersten Weltkrieg und der Zerschlagung des Kaiserreichs. Für die deutschsprachige Bevölkerung begannen Repressionen, die sich mit der Machtergreifung der Faschisten unter Mussolini noch deutlich verschärften. Besonders in Bozen kam es zu einer gezielten Italianisierung und zum Verbot der deutschen Sprache an Schulen.

1939 bot Adolf Hitler den deutschsprachigen Südtirolern die Umsiedlung ins Deutsche Reich an: Dies führte zu einer tiefen Spaltung in sogenannte Optanten (Ausreisewillige) und Dableiber. Nach Ende des Zweiten Weltkriegs verblieb Südtirol bei Italien, wurde aber im Pariser Vertrag von 1946 offiziell mit dem Autonomiestatus versehen; gleichzeitig wurde Österreich mit der Rolle als Schutzmacht für die Deutsch-Südtiroler betraut. In der Realität war von dieser Autonomie jedoch wenig zu spüren, weshalb der Widerstand gegen Rom in der Nachkriegszeit deutlich anwuchs und schließlich in den 1960er-Jahren in Bombenanschlägen Südtiroler Widerstandsgruppen gipfelte.

012bm-se

1972 wurde der Autonomiestatus nochmals neu verhandelt und führte nach weiteren 20 Jahren intensiver Ausarbeitung schließlich 1992 zu einer weitgehenden Selbstverwaltung. Lange Zeit galt das Südtiroler Autonomiemodell als Vorzeigeprojekt für andere, nach Unabhängigkeit strebende europäische Regionen. Zwar hat sich Südtirol in den vergangenen Jahrzehnten wirtschaftlich und gesellschaftspolitisch sehr positiv entwickelt, doch wird sich zeigen, ob der Status quo auch künftigen Herausforderungen standhalten wird.

Insbesondere in Bozen gibt es immer wieder Reibungen. Viele italienischsprachige Bewohner fürchten um ihre Rechte. Und dies beflügelt wiederum die politische Rechte: Parteien wie die Lega schnitten bei den letzten Wahlen vor allem in den von Italienern bewohnten Stadtteilen westlich der Talfer überdurchschnittlich gut ab.

Dass noch nicht alle Wunden verheilt sind, hat zudem ein Referendum im Jahr 2002 bewiesen: 2001 wurde der Platz, auf dem das 1928 von den Faschisten errichtete Siegesdenkmal 13 steht, in Friedensplatz umbenannt. Man sah darin die Möglichkeit, das von der deutschen Bevölkerung stets als faschistisches Symbol der Unterdrückung angesehene Denkmal – zumindest seinen Standort – im europäischen Sinne zu entschärfen. Im Rahmen des Referendums setzten die italienischsprachigen Bozner jedoch eine Rückbenennung in Siegesplatz durch.

◁ Umstrittenes Wahrzeichen des Bozner Westens: das mächtige Siegesdenkmal 13

1943–1945: Nach dem Sturz Mussolinis im Juli 1943 marschiert die deutsche Wehrmacht in Norditalien ein. Die Operationszone Alpenvorland hat ihren Hauptsitz in der Stadt Bozen. 1944 entsteht hier das Durchgangslager Bozen, aus dem etwa 11.000 Menschen in die Konzentrations- und Vernichtungslager deportiert werden. Bozen wird mehrmals Ziel alliierter Luftangriffe, wobei auch Teile der Altstadt in Mitleidenschaft gezogen werden.

1956: Am Trauerzug für Kanonikus (Chorherr) Michael Gamper nehmen rund 30.000 Menschen teil. Der Geistliche hatte sich für die Belange der deutschsprachigen Bevölkerung Bozens eingesetzt und sich im Kampf gegen Nationalsozialismus und italienischen Faschismus betätigt.

1964: Bozen wird Bischofssitz der neu gegründeten Diözese Bozen-Brixen.

1998: Mit der Verlegung Ötzis (s. S. 38) ins eigens für ihn geschaffene Südtiroler Archäologiemuseum 11 bezieht Bozens wohl berühmtester – und ältester – Bewohner dauerhaft in der Stadt Quartier.

2003: Auf Druck der italienischsprachigen Bevölkerungsmehrheit der Stadt wird der zwischenzeitlich in Friedensplatz umgetaufte Platz vor dem Siegesdenkmal 13 im Rahmen eines Referendums wieder in Siegesplatz umbenannt.

2008: Mit dem Gebäude des Museion 12 erhält Bozen ein neues, futuristisches Wahrzeichen.

2016: Seit Deutschland und Österreich Migranten nicht mehr problemlos einreisen lassen, stranden insbesondere Afrikaner oftmals in Bozen.

2020–2021: Wie ganz Norditalien sind auch Bozen und dessen Umgebung stark von der Coronapandemie betroffen. Der Tourismus bricht ein.

2022: Die Stadt Bozen wird aufgrund ihrer Bemühungen um die Erinnerungskultur vom italienischen Innenministerium zur „Stadt der Erinnerung" erklärt.

014bm-se

Leben in Bozen

In Bozen oder **Bolzano**, wie es die Italiener nennen, lässt es sich sehr gut leben. Die Südtiroler Hauptstadt wird regelmäßig als eine der Städte mit der **höchsten Lebensqualität** Italiens geführt. Die Arbeitslosigkeit ist gering, wirtschaftlich steht die Region im Vergleich zu süditalienischen Provinzen geradezu vorbildlich da und der blühende Tourismus tut sein Übriges, damit Geld in die Stadtkasse fließt. Auch wenn es im Hochsommer, bedingt durch die Kessellage, etwas unangenehm und stickig werden kann, ist das **Klima** die meiste Zeit des Jahres sehr angenehm – besonders im Frühling und Herbst.

In Bozen küssen die Alpen den Süden. Einheimische und Touristen profitieren beiderseits von diesen in Bozen verschmelzenden Einflüssen: **Italienisches Lebensgefühl** trifft auf **Tiroler Bodenständigkeit.** Mediterrane Eiscafés begegnen urigen Törggele-Höfen. Gleichzeitig verbinden sich in Bozen Avantgarde und Tradition. Die Bevölkerung ist weltoffen und lebensfroh, ohne vom Boden abzuheben. In der **Universitätsstadt** leben viele junge Menschen. Für allgemeinen Unmut in der Bozner Bevölkerung sorgen allerdings die in den letzten Jahren zunehmende Gewalt und Drogenkriminalität – insbesondere im Bereich des Bahnhofsparks.

Die einstmals strikte ethnische Trennung zwischen italienischer und deutschsprachiger Bevölkerung hat sich verbessert. Es gibt immer mehr **zweisprachige Familien** und gemischtsprachige Ehen. Rund 20 Prozent der Bevölkerung spricht beide Sprachen gleichermaßen gut. Ganz geschlossen haben sich die **Gräben zwischen den Ethnien** allerdings bis heute nicht: Zwar ist die Mehrheit der Bozner Bevölkerung italienischen Ursprungs – etwa drei Viertel haben Italienisch als Muttersprache. In Südtirol sind die einstigen Migranten aus dem Süden aber gegenüber den deutschsprachigen Tirolern in der Minderheit. Dies führt nach wie vor zu Spannungen – und die **Geschichte Südtirols** ist von diesen Spannungen geprägt (s. Exkurs auf S. 18).

Mit dem sogenannten **ethnischen Proporzsystem** haben die deutschsprachigen Südtiroler im Rahmen ihrer **Autonomie** erreicht, dass sie wichtige Schlüsselpositionen in der Verwaltung besetzen können. Auch der Bozen regierende Südtiroler Landeshauptmann Arno Kompatscher ist dementsprechend Deutsch-Südtiroler. Die Bozner Bürgermeister sind dagegen seit 1922 traditionell italienischer Herkunft; derzeit übt Renzo Caramaschi das Amt des Stadtoberhaupts aus.

Doch auch die traditionsbewussten Südtiroler zeigen in der Stadt Präsenz: An hohen kirchlichen Feiertagen dürfen die Südtiroler Schützen nicht fehlen und an so manchem Stammtisch in der Altstadt oder in den Dörfern des Ritten 20 wird bis heute der Geist des als **Volkshelden** verehrten **Andreas Hofer** (s. S. 105) beschworen.

Im Großen und Ganzen herrscht in Bozen dennoch ein toleranter Umgang nach dem Motto **„leben und leben lassen"**. Viele junge Bozner sehen sich unabhängig von ihrer ethnischen Herkunft als **Südtiroler und Europäer.** Wenn es nach dem Bergsteiger Reinhold Messner, einem gebürtigen Südtiroler, geht, bietet gerade die kulturelle Vielfalt für die Menschen eine besondere Chance: Man könne viel voneinander profitieren.

Bozen entdecken

Kurztrip nach Bozen

Wem nur **zwei Tage** zur Erkundung zur Verfügung stehen, der sollte einen davon für die Sehenswürdigkeiten im **Zentrum** einplanen. Die Altstadt ist zwar kompakt, aber es gibt sehr viel zu entdecken: den **Waltherplatz** 1, den **Dom Maria Himmelfahrt** 2, die **Lauben** 5, den **Obstmarkt** 4, das **Dominikanerkloster** 3 und das auch als Ötzi-Museum bekannte **Südtiroler Archäologiemuseum** 11, um nur einige Highlights zu nennen. Dabei empfiehlt sich der **Stadtspaziergang** (s. S. 22).

Am zweiten Tag sollte man **Schloss Runkelstein** 19 mit seiner einzigartigen Freskenpracht einen Besuch abstatten – vielleicht im Rahmen einer **Wanderung** in Kombination mit der

Bozen ist aufgrund seiner Universität eine junge Stadt

Am Eisackufer lässt es sich vorzüglich flanieren

013bm-se

Oswaldpromenade 16, die eine herrliche Aussicht auf Bozen gewährt. **Geschichtlich Interessierte** werden sich vielleicht auf einen Spaziergang in den „italienischen Teil" der Stadt aufmachen, wo der Faschistenführer Mussolini seine Spuren hinterlassen hat (s. S. 42). Andere zieht es in höhere Lagen: Unweit vom Bahnhof bringt die **Rittner Seilbahn** (s. S. 53) Besucher in Windeseile nach **Oberbozen.** Zu den **Erdpyramiden** 20 bei Lengmoos geht es dann weiter mit der Nostalgiebahn.

Das gibt es nur in Bozen

- **Burgen, Burgen, Burgen:** Kaum anderswo gibt es eine solche Dichte an alten Gemäuern, die Bozen förmlich umzingeln. Im Rahmen von Ausflügen und Spaziergängen lassen sich etliche davon erkunden, beispielsweise Schloss Runkelstein 19, Schloss Maretsch 15 oder Schloss Sigmundskron mit dem Messner Mountain Museum 22.
- **Drei Seilbahnen:** Sie befördern Touristen in Windeseile vom Talkessel auf sonnige Höhen – nach Jenesien 23, Kohlern 21 und auf den Ritten 20.
- **Ritterliche Farbenpracht:** Die Fresken von Schloss Runkelstein sind einzigartig und präsentieren ein buntes mittelalterliches Adels- sowie Alltagsleben.
- **Der Mann aus dem Eis:** Gehört hat fast jeder schon von Ötzi; in Bozen kann man ihn tatsächlich besuchen – im Südtiroler Archäologiemuseum 11.
- **Der letzte Mussolini – ein zweifelhaftes Alleinstellungsmerkmal:** Am Gerichtsplatz [I bf] ist der Duce bis heute in Stein gemeißelt (s. Spaziergang auf S. 42).

Stadtspaziergang

Dieser Stadtspaziergang hat eine Länge von ca. 9 bis 12 km und dauert ohne Museumsbesuche und Einkehr rund vier Stunden.

Der Stadtrundgang durch Bozen beginnt am **Bahnhof** [I D4]. Von dort führt der Weg in nordwestlicher Richtung über die Bahnhofsallee bis zum **Waltherplatz** 1, Bozens gute Stube mit dem Denkmal Walthers von der Vogelweide im Zentrum. Am **Dom Maria Himmelfahrt** 2 vorbei geht es über den Pfarrplatz in die Postgasse und geradeaus weiter bis zum Dominikanerplatz mit dem **Dominikanerkloster** 3. Ein Blick ins Innere lohnt sich insbesondere wegen der mit bunten Fresken geschmückten Johanneskapelle.

Am Ende des Dominikanerplatzes biegt man rechts in die Raffaelo-Serensi-Straße und geht gen Norden bis zur Leonardo-Da-Vinci-Straße. Hier beginnt der Durchgang zur **Europa-Galerie** (s. S. 56), an deren Ausgang man sich mitten im geschäftigen Trubel der **Museumstraße** befindet. Auf dieser geht es links in Richtung zum **Südtiroler Archäologiemuseum** 11, der Heimstätte von Gletschermumie Ötzi, und geradeaus weiter in Richtung Talferbrücke. Schon von Weitem erkennt man das monumentale **Siegesdenkmal** 13 aus der Ära des italienischen Faschismus auf der anderen Seite der Brücke.

Wer Interesse hat, kann die Talferbrücke überqueren und den Triumphbogen Mussolinis genauer unter die Lupe nehmen – in der Krypta gibt es eine aufschlussreiche Dokumentation – oder aber in südlicher Richtung einen **Abstecher** zum modernen Museumskubus des **Museion** 12 machen.

015bm ©costadelsol, stock.adobe.com

Routenverlauf im Stadtplan
Der hier beschriebene Spaziergang ist mit einer farbigen Linie im Stadtplan eingezeichnet.

Unser Spaziergang führt jedoch nicht über die Talfer, sondern flussaufwärts über die lauschige **Wassermauerpromenade** (14). Nach einigen Hundert Metern sieht man auf der rechten Seite **Schloss Maretsch** (15) vor einem Feld aus Weinreben. Beim Haus Schönblick geht es rechts die **Treppe** hinunter in die Gasse Zum Talfergries und diese entlang bis zur Runkelsteinstraße. Diese führt linker Hand an einer Metzgerei vorbei in die Weggensteinstraße. Wem nach den zuvor passierten Reben nach einem Glas Wein oder einen Erfrischung zumute ist, kann sich im **Weinhof Malojer Gummerhof** (s. S. 58) einen guten Tropfen kredenzen lassen.

Kurz hinter dem Weinhof beginnt der **Oswaldweg.** Man passiert noble Villen mit duftenden Hecken und teils wunderschönen Gärten, bis man schließlich einen gemauerten **Rundbogen** erreicht, der den Zugang zur **Oswaldpromenade** (16) ermöglicht. Wer sich diesen lohnenswerten Streckenabschnitt mit wunderbarem Panoramablick auf die Stadt ersparen möchte, wandert einfach den Oswaldweg weiter bis zur Hörtenbergstraße (Zeitersparnis: ca. 1 Std.).

Alle anderen wandern in steilen **Serpentinen** hinauf zur Promenade und orientieren sich dann in Richtung Sankt Magdalena (17). Der Weg führt durch submediterranen Buschwald, vorbei an von Kakteen bewachsenen Porphyrfelsen. Immer wieder tut sich ein **großartiger Ausblick** auf die Stadt auf. Nach Passieren eines Hotels ist es nicht mehr weit bis zum kleinen **Weinort Sankt Magdalena** mit seiner bezaubernden und sagenumwobenen Dorfkirche inmitten der Weinreben.

Der Waltherplatz (1) und der Bozner Dom (2) im Frühling

Nun geht es die kleine Straße **Untermagdalena** hinab bis zur Brennerstraße und kurz vor einer Linkskurve rechts hinauf in den Oswaldweg, dem man bis zur links abzweigenden Hörtenbergstraße folgt. Auf dieser geht es nun weiter. Die kleine **Kirche Sankt Johann im Dorf** 9 findet man über die gleichnamige Gasse. Über die Cavourstraße und die enge Batzenhäuslgasse gelangt man zum gleichnamigen Wirtshaus, dem **Batzen Häusl** (s. S. 59), – ideal für eine kulinarische Einkehr.

Wer möchte, kann das **Naturmuseum Südtirol** 7 oder die nahe gelegene **Deutschhauskirche Sankt Georg** 8 besichtigen. Über die Andreas-Hofer- und die Vintlerstraße erreicht man in wenigen Minuten die Franziskanergasse und den Eingang zum Innenhof des **Franziskanerklosters** 10. Insbesondere der Kreuzgang ist ein wunderbarer Ort, um Energie zu tanken, ehe der letzte Abschnitt des Stadtrundgangs beginnt. Vom Kloster sind es nur noch wenige Meter gen Süden bis zum pulsierenden **Obstmarkt** 4 mit dem **Neptunbrunnen** im Zentrum.

Gleich nach dem Brunnen geht es links in die berühmten **Lauben** 5, die seit dem Mittelalter das merkantile Zentrum der Handelsstadt sind und heute insbesondere für modeaffine Besucher als Magnet wirken.

Um auch die **Innenhöfe** der mittelalterlichen Häuser kennenzulernen, passiert man linker Hand eine der engen Passagen und gelangt zu der parallel zu den Lauben verlaufenden **Dr.-Josef-Streiter-Gasse**, sicherlich eine der hübschesten Gassen Bozens. Sie führt in östlicher Richtung bis zur **Bindergasse** 6, in die man rechts einbiegt. Über den **Rathausplatz**, die Gumergasse und den **Kornplatz** [I C3] ist es nun nicht mehr weit bis zum Waltherplatz und zum Bahnhof, dem Ausgangspunkt des Spaziergangs.

017bm ©IDM Südtirol/Stefano Gilera

Sehenswürdigkeiten im Zentrum

Wenngleich Bozen für Südtiroler Verhältnisse recht groß ist, finden sich die meisten Sehenswürdigkeiten doch auf kleiner Fläche vereint. Die meisten ballen sich in und um die mittelalterliche Altstadt und können gut zu Fuß angesteuert werden.

Nur wenige Schritte vom Bahnhof [I D4] entfernt erstreckt sich der **Waltherplatz** ①, neben den mittelalterlichen **Lauben** ⑤ das **Herz der Stadt.** Auf keinen Fall sollte man den Besuch der einen oder anderen **Bozner Kirche** verpassen, von denen einige als kunsthistorische Juwelen gelten. Vorbei am lebendigen Obstmarkt ④ gruppieren sich die spannenden **Museen** der Stadt **nahe des Talferufers** – als absolutes Highlight gilt das **Südtiroler Archäologiemuseum** ⑪, die Heimat Ötzis (s. S. 38). Jenseits der Talfer ist es nur einen Katzensprung bis zum **Siegesdenkmal** ⑬.

① Waltherplatz ★★★ [I C3]

Flanieren, sehen und gesehen werden, die Seele in alpin-mediterraner Atmosphäre baumeln lassen – am Waltherplatz spürt man das südländische Flair Bozens. Bei einem Cappuccino oder einem Campari lässt sich das bunte Treiben vortrefflich beobachten. Zum Gesamtensemble des Platzes gehören der Dom Maria Himmelfahrt ②, das Palais Menz, das Palais Campofranco sowie das Anfang des 20. Jahrhunderts errichtete Stadthotel.

Ursprünglich befand sich der Platz am Rand der mittelalterlichen Altstadt, doch längst hat er sich zum pulsierenden Hauptplatz der Südtiroler Metropole entwickelt. Das ganze Jahr über finden hier **Veranstaltungen** statt, so etwa der **Bozner Blumenmarkt** im Frühling (s. S. 9).

Auf dem südlich der Altstadtmauer gelegenen Areal standen noch im 17. Jahrhundert Weinreben, ehe das Grundstück 1808 vom bayerischen König Maximilian I. Joseph an die Stadt veräußert wurde. In der Folgezeit hieß der Platz Maximilianplatz, seit dem Wiener Kongress dann Johannplatz, benannt nach dem gleichnamigen österreichischen Erzherzog. Seinen heutigen Namen erhielt der Platz erst 1889 im Rahmen der Errichtung eines monumentalen **Denkmals** zu Ehren des Dichters **Walther von der Vogelweide.**

Wenngleich die Südtiroler Herkunft des mittelalterlichen Dichterfürsten historisch keineswegs gesichert ist (s. Exkurs auf S. 27), so hatte das vom Künstler Heinrich Natter aus Laaser Marmor geschaffene Denkmal einen für das ausgehende 19. Jahrhundert extrem hohen **Symbolwert:** Es stand für das Selbstbewusstsein

Schreibweise der Orte und Straßen

Da die deutsche und die italienische Sprache in Südtirol gleichberechtigt sind, werden die **Sehenswürdigkeiten** in der Überschrift lediglich mit ihrem **deutschen Namen** benannt. Bei den reisepraktischen Angaben (Adresse, Tel.-Nr. etc.) am Ende der Beschreibung ist zusätzlich der **italienische Name** angegeben. Da **Straßennamen** stets zweisprachig beschildert sind, wird im Folgenden auf die italienische Bezeichnung verzichtet.

◁ Lebendig geht es rund um den Obstmarkt ④ zu

018bm-se

des deutschsprachigen und nationalliberalen Bürgertums und untermauerte damit die Zugehörigkeit Bozens zum deutschen Kulturkreis. Der nach Süden gewandte Dichter diente gleichsam als drohender Verteidiger gegen die welsche bzw. italienische Einflussnahme. Gewissermaßen als Gegenmaßnahme wurde im südlich gelegenen Trient ein Denkmal für den italienischen Dichterfürsten Dante aufgestellt.

Dass die nationalistischen Ressentiments sich nicht auf das 19. Jahrhundert beschränken, zeigt sich nicht zuletzt in der Machtergreifung der italienischen **Faschisten**, welche das Walther-Denkmal in den vergleichsweise unbedeutenden Rosegger-Park versetzen ließen. In der Epoche des Faschismus hieß auch der Platz selbst zwischenzeitlich Piazza Vittorio Emanuele – die anvisierte Aufstellung eines Drusus-Denkmals wurde aber letztendlich nicht verwirklicht. Im erwähnten Park fristete Walther ein eher unbeachtetes Dasein, ehe er 1981 wieder an die alte Heimstätte im Herzen der Stadt zurückkehren durfte.

Heute herrscht am Waltherplatz glücklicherweise ein entspanntes Verhältnis zwischen italienisch- und deutschsprachiger Bevölkerung und niemand nimmt Anstoß an Walther von der Vogelweide, der sich vermutlich selbst über das Tamtam rund um seine Person in den vergangenen anderthalb Jahrhunderten gewundert hätte.

› Piazza Walther

Bozens gute Stube: der Waltherplatz ❶ *mit dem Dichterdenkmal im Zentrum*

Der rätselhafte Walther

019bm

In Südtirol begegnet man dem berühmtesten deutschen Dichter des Mittelalters auf Schritt und Tritt. Im Bewusstsein der deutschsprachigen Bevölkerung hat sich **Walther von der Vogelweide** (um 1170–um 1230) seit Generationen als einer der ihren eingeprägt. Den Dichter würde die alpenländische Anerkennung schmeicheln und zugleich verwundern. Denn laut neuesten wissenschaftlichen Erkenntnissen deutet nur sehr wenig auf eine Verbindung des Minnesängers mit der Region rund um Bozen hin.

Sein Geburtsort ist nach wie vor unbekannt. Die Herkunft aus der Wiener bzw. niederösterreichischen Gegend steht ebenso im Raum wie Hypothesen, wonach der Dichter in Frankfurt am Main, Würzburg oder Böhmen das Licht der Welt erblickt habe. Vogelweiden, auf denen Falken für die Falkenjagd gehalten wurden, existierten im Mittelalter häufig in der Nähe von Städten und Burgen. Eine davon befand sich beim kleinen Südtiroler Ort Lajen, etwa auf halber Strecke zwischen Brixen und Bozen gelegen. In der Nähe befand sich die für den Durchgangsverkehr wichtige Festung Waidbruck, auf der zumindest ein mit Walther befreundeter Bischof als Gast nachgewiesen ist. Lange Zeit galt der kleine Ort Lajen als Geburtsort Nummer eins unter den Vogelweide-Verehrern. Heute scheint man sich da alles andere als sicher zu sein. Ziemlich gewiss ist hingegen, dass Walther mit Bozen selbst kaum in Berührung gekommen sein dürfte. Historisch wurde ihm eine Affinität zum Bozner Wein angedichtet. So soll sich der Dichter einstmals darüber beschwert haben, statt Bozner Wein nur Wasser kredenzt bekommen zu haben. Diese Anekdote trug sich allerdings im bairischen Kloster Tegernsee zu, das lediglich seine Weingärten in der Gegend um Bozen bewirtschaften ließ.

Wie dem auch sei: Verdient hat der Dichter sein Denkmal in erster Linie aufgrund seines Werks und seines Nachwirkens. Neben politischer Dichtung zu aktuellen Themen seiner Zeit wurde er besonders für seine Minnesang-Dichtung berühmt, also Lieder, die von erfüllter und unerfüllter Liebe handeln – ein zeitloses Thema und insofern auch ein zeitloses Denkmal, Bozen-Bezug hin oder her!

So möge der Dichter mit der ersten Strophe seines berühmten Liedes „Unter den Linden“ nun selbst zu Wort kommen: „Under der linden an der heide, dâ unser zweier bette was, dâ muget ir vinden schône beide gebrochen bluomen unde gras. Vor dem walde in einem tal, tandaradei, schône sanc diu nahtegal.“ (Übersetzt: „Unter der Linde an der Heide, wo unser beider Bett war, da könnt ihr schön gebrochen finden Blumen und Gras. Vor dem Walde in einem Tal, tandaradei, sang die Nachtigall lieblich.“) Möglicherweise auch heute noch ein Anreiz für verliebte Südtirol-Urlauber, sich ihre eigene Linde zu suchen …

2 Dom Maria Himmelfahrt ★★★ [I C4]

Im Gesamtensemble des Waltherplatzes 1 ist der Bozner Dom ein unübersehbares Wahrzeichen der Stadt. In seinem Inneren beherbergt er einige kunsthistorisch wertvolle und von der Bevölkerung hoch verehrte Schätze.

Die **Gründungslegende** geht auf das Jahr 1180 zurück, als ein Fuhrmann am damals noch nahe gelegenen Fluss Eisack ein angeschwemmtes Gnadenbild der Muttergottes gefunden haben soll, das heute als „Unsere Liebe Frau im Moos" im Dom verehrt wird.

Aus dieser Zeit ist tatsächlich eine romanische Marienkirche belegt. Archäologische **Ausgrabungen** konnten mittlerweile sogar Reste einer frühchristlichen Basilika aus dem 6. Jahrhundert nachweisen – ein erstaunlicher Befund angesichts der Tatsache, dass die Flusstäler in der Übergangsphase von der Antike zum Mittelalter im Vergleich zu den Anhöhen von Siedlern eher gemieden wurden.

Die wachsende Bevölkerung Bozens machte ab ca. 1300 einen kompletten Neubau im gotischen Stil notwendig, der sich über fast 200 Jahre hinzog und mit dem **spätgotischen Turm** 1519 im wahrsten Sinne des Wortes seinen architektonischen Höhepunkt fand.

Im **Zweiten Weltkrieg** wurden sowohl der Dom als auch die benachbarte Nikolauskirche schwer in Mitleidenschaft gezogen; von Letzterer existieren heute nur noch die Grundmauern. Der Turm überstand die alliierten Angriffe unbeschadet, das Kirchenschiff errichtete man 1949 wieder. Da sich das Bozner Bürgertum bei der Ausstattung nicht lumpen ließ, entstand im Inneren eine für den Alpenraum gewaltige Anzahl an Sitzplätzen.

020bm ©costadelsol, stock.adobe.com

Generell sollten sich Besucher für das Kircheninnere etwas Zeit nehmen, denn es gibt mehr zu entdecken als der erste Eindruck vermitteln mag. Insbesondere beim Chor-Rundgang um den **barocken Hochaltar** tun sich wahre Schätze auf: unter anderem kostbar verzierte Reliquienschreine mittelalterlicher und neuzeitlicher Heiliger oder eine ausdrucksstarke **Pietà** (Maria mit dem Leichnam Christi auf ihrem Schoß, um 1400).

In der im östlichen Chor befindlichen Gnadenkapelle wird die bereits erwähnte Muttergottes der Gründungslegende verehrt. Eine ähnlich große Bedeutung kommt dem spätbarocken **Herz-Jesu-Bildnis** aus dem Jahre 1795 zu (s. Exkurs S. 30).

Weiterhin gibt es eine aufwendig gestaltete **Grabplatte** (Epitaph) eines gewissen **Wilhelm III. von Henneberg-Schleusingen** in Ritterrüstung zu entdecken – seines Zeichens fränkischer Graf und frommer Reichsvogt, der auf der Rückreise von Rom 1480 im nahe gelegenen Salurn verstarb. Auch ein Habsburger hat sich im Dom verewigt: Gegenüber der Gnadenkapelle ist ein beschrifteter **Grabstein für Erzherzog Reiner von Österreich,** dem ehemaligen Vizekönig von Lombardo-Venezien, angebracht.

Weitere sakrale Schätze beherbergt die im Jahr 2007 geschaffene **Domschatzkammer** im Nachbargebäude.

- **Duomo S. Maria Assunta,** Domplatz, Tel. 0471 978676, dompfarre.bz.it, geöffnet: Mo.–Fr. 7.30–18 Uhr, So. 8–20 Uhr, Eintritt frei
- **Domschatzkammer (Tesoro del Duomo di Bolzano),** Domplatz 27, geöffnet: Di.–Sa. 10–12.30 Uhr, Eintritt: 3 €, erm. 2 €, Kinder ab 6 Jahren 1 €

③ Dominikanerkloster ★★★ [I B4]

Ein Besuch der Dominikanerkirche samt angeschlossenem Kreuzgang ist für die Liebhaber kirchlicher Kunst ein absolutes Muss. Besonders die Johanneskapelle mit ihren fast vollständig erhaltenen Wandmalereien genießt weit über die Grenzen Südtirols hinaus höchste Beachtung als farbenprächtiges Bilderbuch des Mittelalters.

Vom Waltherplatz ❶ aus sind es in östliche Richtung nur wenige Schritte bis zum **Dominikanerplatz.** Das Klosterareal lag im Mittelalter außerhalb der ehemaligen Stadtmauer; dort siedelte sich der Dominikanerorden bereits 1272 an. Die **Außenfassade** der Kirche wurde im Zweiten Weltkrieg stark in Mitleidenschaft gezogen und präsentiert sich eher unscheinbar, weshalb viele Touristen daran vorbeigehen, ohne zu ahnen, was sie im Inneren verpassen.

Obgleich von den **Wandmalereien des Langhauses** nur mehr Fragmente erhalten sind, können sich diese wahrlich sehen lassen: etwa das große, dreiteilige Bilderfeld an der rechten Wand. Es zeigt links unten Maria mit dem Jesuskind auf dem Schoß, davor ein Ritter bzw. Stifter, in voller Rüstung kniend. Rechts daneben ist die in Tirol und Süddeutschland häufig anzutreffende und gleichzeitig etwas rätselhafte Darstellung des Volto Santo aus Lucca (hölzernes Kruzifix) zu sehen. Es tritt hier in Verbindung mit der Spielmannslegende auf – dem Spielmann wird vom Gekreuzigten als Lohn ein goldener Schuh auf den Altar geworfen. Dieses Motiv wird häufig als Darstellung der Heiligen

Der Bozner Dom mit seinem markanten spätgotischen Turm

Das Herz-Jesu-Bild und seine Bedeutung für Tirol

Einer der wichtigsten sakralen Schätze Tirols ist das im Dom Maria Himmelfahrt (2) aufbewahrte Herz-Jesu-Bild des Barockkünstlers Johann Josef Karl Henrici. Seit 1795 genießt es seitens der tiefgläubigen Tiroler Bevölkerung höchste Verehrung.

Doch worin liegen die Ursprünge der katholischen Herz-Jesu-Verehrung? Bereits im Mittelalter wurde der Seitenwunde Christi eine besondere Bedeutung beigemessen – die fast gralsartige Verehrung der „Heiligen Lanze" (zu besichtigen in der Hofburg-Schatzkammer zu Wien) steht damit in Verbindung. Ordensleute wie Bernhard von Clairvaux (1091–1153) befeuerten in ihren Predigten die leibliche Bedeutung des Herzens Jesu. Über die Jahrhunderte hat sich diese Form der Verehrung im Volksglauben fest etabliert: Es entstanden Brunnenkapellen (Heilig-Blut-Kapellen), bei denen das Quellwasser aus der Wunde Christi entspringt. Auch bürgerte sich der Brauch ein, in die Wunde von Holzfiguren des Gekreuzigten Zettel mit Herzenswünschen zu legen.

083bm

Eine Blüte erlebte die Herz-Jesu-Verehrung in der Barockzeit. Das wohl berühmteste und vermutlich auch das mit der größten Anmut und Ausstrahlung stammt von Johann Josef Karl Henrici und wird im Dom zu Bozen verehrt.

Henrici, dessen Familienname ursprünglich Heinrich lautete, wurde 1737 in Schlesien geboren. Im Alter von zwanzig Jahren kam er 1757 nach Bozen, wo er sich beruflich verwirklichen konnte und etliche Kunstwerke für Kirchen und Privatpersonen schuf. Doch das Leben selbst prüfte den Künstler schwer: Von seinen dreizehn Kindern starben zehn bei der Geburt und auch von den verbliebenen erreichte keines das Erwachsenenalter. Neben dem familiären Kummer kam noch hinzu, dass er mit 61 Jahren erblindete. 25 Jahre später verstarb der vom Leben gezeichnete Greis, dessen Herz-Jesu-Bild ihn unsterblich machen sollte.

Für die Tiroler hatte das Bildnis im schicksalhaften Jahr 1796 eine ganz besondere Bedeutung: Die Napoleonischen Truppen rückten näher und der Abt Sebastian Stöckl von Stams empfahl, neben militärischen Maßnahmen auch religiösen Beistand zu suchen. So wurde das Herz-Jesu-Treuegelöbnis am 1. Juni feierlich ins Leben gerufen. Bis heute wird dieser Schwur jedes Jahr am Herz-Jesu-Sonntag im Juni von Gläubigen, Politikern und den Schützenkompanien in Nord- und Südtirol feierlich bekräftigt. Das 1896 komponierte Lied „Auf zum Schwur, Tiroler Land" darf dabei nicht fehlen. Dessen erste Strophe lautet: „Auf zum Schwur, Tiroler Land, heb zum Himmel Herz und Hand! Was die Väter einst gelobt, da der Kriegssturm sie umtobt, das geloben wir aufs neue, Jesu Herz, dir ew'ge Treue!"

021bm-se

Kümmernis bzw. Wilgefortis, einer gekreuzigten Märtyrerin mit Bart, interpretiert. Der obere Bereich zeigt die dramatische Szene der Georgslegende. Neben dem Drachentöter sind die vielen Details am Rande bemerkenswert, etwa die vor einem Wald betende, bekrönte Frau oben links oder die lebendige Burgszenerie oben rechts.

Durch den Lettner (Schranke zwischen Chor und Langhaus) gelangt man in den Chor, dessen Wände im Stil des Rokokos übermalt worden sind. In den Kapellen des Lettners sind ebenfalls spätgotische Fragmente erhalten, besonders ausdrucksstark ist hier die heilige Maria Magdalena. Rechter Hand geht es in die schmale, hohe **Johanneskapelle**, in der fast alle Wandmalereien erhalten sind – ein wahres Kleinod mittelalterlicher Kunstfertigkeit! Um die biblischen Kunstwerke in voller Pracht und Farbe bewundern zu können, müssen 50 Cent für die kurzfristige Beleuchtung in einen Kasten eingeworfen werden. Dann erstrahlen die Heiligen von Johannes bis Nikolaus und der Sternenhimmel mit Rundmedaillons an der Decke in voller Pracht.

Sehenswert sind auch der samstagvormittags geöffnete **Kreuzgang** und der daran anschließende **Kapitelsaal** sowie die **Katharinenkapelle.** Letztere weist ebenfalls herausragende Wandmalereien aus der Giotto-Schule auf, etwa die Darstellung des Jüngsten Gerichts, Szenen aus der Kindheit und Passion Christi, die Abbildung des heiligen Petrus und Bilder aus dem Leben der heiligen Katharina mit dem Rad als Kennzeichen.

› **Chiesa dei Domenicani,** Dominikanerplatz, Tel. 0471 973133, geöffnet: Kirche und Johanneskapelle Mo.–Sa. 9.30–17, So. 12–18 Uhr, Kreuzgang April–Okt. und im Advent Sa. 10–12 Uhr, Eintritt frei

Die prächtigen Wandmalereien in der Johanneskapelle des Dominikanerklosters 3

4 Obstmarkt ★★ [I B3]

Mediterranes Flair pur: Am Obstmarkt pulsiert das Leben, der Duft unzähliger bunter Früchte erfüllt die Luft und ein Gemisch verschiedenster Sprachen erklingt zwischen den Ständen. Dennoch geht es hier nicht hektisch zu, angenehm lebendig aber durchaus.

Der Obstmarkt blickt auf eine lange Geschichte zurück und ist bereits im Mittelalter als Oberer Platz, später als „Obzplatz“ erwähnt. 1786 fand er in der „Italienischen Reise“ von **Johann Wolfgang von Goethe** Eingang: Goethe berichtet darin von den „Obstweibern“ mit ihren runden, flachen Körben. Als Dank für die literarische Erwähnung hat man die von Süden in den Markt einmündende Gasse nach dem berühmten Besucher benannt.

Ein richtiger Platz ist der Markt eigentlich nicht, eher eine Gassenkreuzung bzw. eine Gassenbiegung. Im Zentrum steht der **Neptunbrunnen** aus dem 18. Jahrhundert, von der Bevölkerung aufgrund seines Dreizacks auch gerne als „Gabelwirt“ bezeichnet.

An der Ecke Obstmarkt/Museumstraße steht das im neogotischen Stil errichtete **Torgglhaus** mit seinem markanten Turm, für den der Turm der Deutschordenskommende Weggenstein als Vorbild diente. Hier, im südlichen Bereich des Obstmarkts, und in der **Goethegasse** herrscht in den diversen **Lokalen** auch nach Sonnenuntergang eine ausgelassene Stimmung, beispielsweise im **Nadamas** (s. S. 67).

In nordöstlicher Richtung schließt sich an den Obstmarkt die **Dr.-Josef-Streiter-Gasse** an, die nach einem Bozner Bürgermeister aus dem 19. Jahrhundert benannt ist. Als eine der schönsten Gassen der Altstadt ist sie weniger überlaufen wie die parallel verlaufenden Lauben 5 und bietet etliche pittoreske Fotomotive. Beachtenswert ist das **Alte Rathaus** aus dem 15. Jahrhundert mit seinem schönen Bogenportal und dem steinernen Wappen Bozens.

Zu einem beliebten Treffpunkt haben sich die **Fischbänke** (s. S. 66) entwickelt; der ehemalige Fischmarkt fungiert heute als hippes Lokal.

› Piazza Erbe

5 Bozner Lauben ★★★ [I C3]

Die Lauben, so der Name der beliebten Altstadtgasse, sind die schillernde Visitenkarte der Einkaufsstadt Bozen. In den überdachten Arkadengängen rechts und links der Gasse kommen Shopping-Liebhaber voll auf ihre Kosten.

Die geballte **italienische Modewelt** ist hier vertreten: von Designerschuhen über bunte Sommerkleider bis hin zu raffinierten Dessous reicht die Palette. Schnell kann die Urlaubskasse beim Einkauf bedenklich zusammenschrumpfen.

Zugleich bilden die massiven **spätgotischen Häuser** das städtebauliche Herz der Bozner Altstadt. Typisch sind die schmalen Fassaden zur Gasse hin und die ausgedehnten Baukörper nach hinten. So manches architektonische Juwel versteckt sich in den Hinterhöfen. Und wer sich nicht allzu sehr von der Schaufensterpracht magnetisieren lässt, wird auch die kleinen Durchgänge erkennen. Aus der einheitlichen Fassadenstruktur sticht lediglich der **Merkantilpalast** heraus, in dem das **Merkantilmuseum** (s. S. 62) untergebracht ist.

Herzstück der Bozner Altstadt: die Lauben – links der Merkantilpalast

Wer vom **Waltherplatz** ❶ in Richtung Lauben steuert, kommt fast automatisch über den nur wenige Meter südlich der Gasse gelegenen **Kornplatz.** Auch er gehört zum ursprünglichen Marktkern. Archäologen haben hier Reste der alten Stadtbefestigung freigelegt. Eines der ältesten Gebäude ist das **Waaghaus** aus dem 14. Jahrhundert. Links davon führt ein besonders hübscher Durchgang zu den Lauben.

› Via dei Portici

❻ Rathausplatz und Bindergasse ★ [I C3]

An ihrem östlichen Ende münden die Lauben ❺ in den **Rathausplatz**, auf dem regelmäßige Märkte stattfinden. Außerdem steht dort ein hübsches, kleines Thermometer-Häuschen.

Das wichtigste Gebäude am Platz ist das **neobarocke Rathaus** aus dem Jahr 1907. Aufgrund der wachsenden Stadtbevölkerung war das Alte Rathaus (Lauben Nr. 30/Dr.-Josef-Streiter-Gasse) nämlich zu klein geworden. Äußerlich betrachtet gehört das heutige Rathaus nicht zu den spektakulärsten Bauwerken Bozens. Seine Besonderheiten verstecken sich im Inneren: Der **Gemeinderatssaal** im zweiten Stock ist reich verziert mit allegorischen Fresken des Malers Gottfried Hofer. Sie spiegeln den national-liberalen Zeitgeist der Epoche wider. Am 2. Oktober 1922 spielten sich im Rathaus dramatische Szenen ab: Während des faschistischen „Marsches auf Bozen" wurden der damalige Bürgermeister Julius Perathoner und der gesamte Stadtrat gewaltsam zur Abdankung gezwungen.

Vom Rathausplatz in nördliche Richtung führt die quirlige **Bindergasse** mit ihren hübschen Häuserfassaden, Wandmalereien und schmiedeeisernen Schildern, die auf alte Handwerksbetriebe und Gaststätten verweisen. Eines davon ziert die Fassade des traditionsreichen **Weißen Rössl** (s. S. 59), einem großen Gasthaus mit Garten. Lohnenswert ist auch ein Schlenker in den Innenhof des **Parkhotel Mondschein** (s. S. 68). In der Bindergasse findet sich zudem das **Naturmuseum** ❼.

› Piazza del Municipio (Rathausplatz)

› Via Bottai (Bindergasse)

022bm ©IDM Südtirol/Stefano Gilera

MEIN TIPP

Auf ein Bier ins Batzen Häusl

Was das Hofbräuhaus für München ist, ist das Batzen Häusl (s. S. 59) für Bozen. Sein **Gerstensaft** und die **langjährige Brautradition** machten das Wirtshaus, das zu den ältesten noch bestehenden in Bozen zählt, über die Stadtgrenzen hinaus bekannt. Seit dem Mittelalter fungierte es als Schänke der Deutschordenskommende Weggenstein (s. Deutschhauskirche St. Georg 8). „Batzen" ist eine altdeutsche Bezeichnung für ein Geldstück.

Im späten 19. und frühen 20. Jahrhundert floss statt Bier eher Rebensaft. Dies lockte **Künstler** wie den Maler Franz Defregger in das weinselige Gemäuer. Etliche Künstler haben ihre Zeche wohl in Form ihrer Kunstwerke beglichen, wodurch sich das Wirtshaus zwischenzeitlich zu einer Art Kunstmuseum entwickelte.

Nach der Schließung 1928 und einem langen „Dornröschenschlaf" wurde das Traditionshaus im Jahr 2012 reanimiert. In der hauseigenen Wirtshausbrauerei werden heute schmackhafte Biere gebraut. **Craftbeer-Liebhaber** können sich durch die regelmäßig wechselnden saisonalen Hopfenkreationen probieren. Zu später Stunde herrscht im Batzen Häusl schon mal ausgelassene Stimmung.

023bm-se

7 Naturmuseum Südtirol ★ [I C2]

Hin und wieder regnet es auch in Bozen und was eignet sich besser gegen wolkengraue Langeweile als ein Museumsbesuch? Vor allem für **Familien** ist das Naturmuseum ein lohnenswerter Anlaufpunkt, auch ohne Regen. Schon die Örtlichkeit kann sich sehen lassen: Untergebracht ist das Landesmuseum im spätmittelalterlichen **Landesfürstlichen Amtshaus**, einem Ansitz (Wohnsitz) Kaiser Maximilians I. aus dem frühen 16. Jh. mit charakteristischem Walmdach.

In der **Dauerausstellung** werden mittels moderner Technik anschaulich die **geologische Entstehung** und das Antlitz Südtirols präsentiert. So fliegt man etwa virtuell über die Gipfel und Täler der Alpenregion und erkundet die unterschiedlichen **Ökosysteme**, die in Südtirol auf engstem Raum beieinander liegen. Bekannt ist das Museum ferner für sein 9000 Liter fassendes **Korallenriffaquarium** mit einer Vielzahl an bunten Meeresbewohnern, anhand dessen die Entstehung des Dolomiten-Riffkalksteins veranschaulicht wird.

Alles andere als trocken ist außerdem die Präsentation von **Fossilien und Mineralien**, wobei der Nachwuchs frei nach dem Motto „Bitte berühren!" interaktiv einbezogen wird. Auch darüber, was es mit dem rund um Bozen – beispielsweise auf der Oswaldpromenade 16 – so typischen vulkanischen Quarzporphyr auf sich hat, gibt das Museum Auskunft. Regelmäßige **Sonderausstellungen** runden den Besuch ab.

› **Museo Scienze Naturali Alto Adige**, Bindergasse 1, Tel. 0471 412964, www.natura.museum, geöffnet: Di.–So. 10–18 Uhr, Eintritt: 7 €, erm. 5 €, Familien 14 €, 1 Erw. mit Kind 7 €

8 Deutschhauskirche Sankt Georg ★★ [I C2]

Das Deutschordenshaus mit seinem markanten Turm und der angeschlossenen Kirche Sankt Georg befindet sich in einer ruhigen Ecke Bozens einige Meter nördlich des Naturmuseums 7*. Es wird von Touristen – wenn überhaupt – eher zufällig entdeckt. Doch die Entdeckung lohnt sich: Das Kirchlein ist ein gotisches Meisterwerk aus einem Guss.*

Die ursprüngliche Ordensanlage mit angeschlossenem Hospital befand sich nahe dem Fluss Eisack und wurde 1202, nur zwölf Jahre nach Gründung des **Deutschen Ordens** im Heiligen Land (1190), in Bozen anlässlich einer Schenkung errichtet. Da ständige Überschwemmungen dem Ursprungsbau zu schaffen machten, verlegte man das Hospiz 1400 auf den Ansitz Weggenstein. Damit einher ging der Neubau der **Deutschordenskirche Sankt Georg.** Schwäbische Baumeister brachten dabei ihr Wissen ein und bescherten Bozen ein weiteres mittelalterliches Kirchenjuwel.

Bereits der **Innenhof** mit einer Kopie des Innsbrucker Mariahilf-Bildes von Lucas Cranach und einem Kruzifix, das sich über einen alten Weinstock erhebt, hat eine besondere Stimmung. An der äußeren Südmauer befindet sich das **Hochgrab des Landkomturs** (geistlichen Befehlshabers) Gottfried von Niederhaus, darüber ein unvollständiges Fresko mit Kreuzigungsszene und einem Betenden im Gewand des Deutschritterordens, erkennbar am weißen Mantel mit Kreuz.

Das **Kircheninnere** ist ebenfalls sehenswert. Die Rippen des Gewölbes sind mit drei **Schlusssteinen** versehen; diese zeigen Reliefs: Christus als Weltenherrscher, das Haupt Johannes des Täufers und eine die Muttergottes symbolisierende Rose.

Im Zentrum lenkt der prächtige **Hochaltar** aus Marmor den Blick auf sich. Auffällig ist der als Baldachin gestaltete, über zwei Meter hohe **Tabernakelaufbau.** An der Hochaltarwand hängt ein Gemälde, das den **Kirchenpatron Georg** als Drachentöter darstellt, darüber Maria mit dem Jesus-

Mein Tipp

Lohnenswerter Umweg zurück ins Zentrum

Es lohnt sich, von der Deutschhauskirche Sankt Georg 8 die Weggensteinstraße weiter entlang zu spazieren. Zunächst passiert man den **Ansitz Weggenstein** mit einem großen Tor, das mit dem Deutschordenskreuz bemalt ist. Danach geht es vorbei an teils hübschen Villen mit bunten Gärten bis zur **Runkelsteiner Straße** [I B1]. Hier lohnt sich eine kurze **Einkehr im Weingut Malojer Gummerhof** (s. S. 58), das hervorragende Weine kredenzt.

Wieder stadteinwärts geht es durch die Runkelsteiner Straße mit mondänen Villen zum **Marienplatz** mit der Mariensäule [I C2] aus dem Jahr 1909, die an eine Cholera-Epidemie im 19. Jahrhundert erinnert. Dahinter befindet sich die **Goetheschule,** ein monumentales, denkmalgeschütztes Gebäude von 1908, das zu Ehren des 60. Regierungsjubiläums von Kaiser Franz Joseph als Kaiser-Franz-Joseph-Schule eingeweiht wurde. Über die **Franziskanergasse** [I B3–C2] gelangt man wieder zurück ins Altstadtzentrum.

› **Dauer des Umwegs:** ca. 15–20 Minuten

◁ Selbst gebraute Bierspezialitäten genießt man im Batzen Häusl

kind. Charakteristisch für Deutschordenskirchen sind zudem die an den Wänden befestigten **Metallschilder,** sogenannte Aufschwörschilde mit den Wappen einzelner Ritter, sowie die Lanzenfahnen.

› **Ordine Teutonico,** Weggensteinstr. 10, Tel. 0471 222220, geöffnet: tägl. 8–19 Uhr (bei Abwesenheit des Priesters zwischenzeitlich eventuell geschlossen), Eintritt frei

9 Kirche Sankt Johann im Dorf ★ [I D2]

In dem verwinkelten und etwas verschlafen wirkenden **Ortsteil,** der sich nur wenige Meter nordwestlich des Batzen Häusls (s. S. 59) erstreckt, wirkt die kleine Kirche zwischen den umliegenden Häusern fast etwas eingezwängt. Nur der hübsche **romanische Kirchturm** sticht aus der Bebauung heraus und weist auch ohne Stadtplan den Weg. Einstmals bildete dieser Flecken den **ältesten Siedlungskern** des mittelalterlichen Bozens. Das Kirchlein hat die Jahrhunderte seit seiner Weihe am 10. Mai 1180 fast unbeschadet überstanden.

Falls möglich, sollte man einen Besuch am Samstagvormittag einplanen; denn dann präsentiert das Gotteshaus den Besuchern seinen größten Schatz: ein faszinierendes Bilderbuch von **Fresken** aus dem 14. Jahrhundert, das bis 1926 verborgen war und in den 1980er-Jahren restauriert wurde.

Die Künstler dürften mit viel Freude bei der Sache gewesen sein und verewigten sich in unterschiedlichen **Bilderzyklen.** Die südliche, linke Langhauswand stellt Szenen aus dem Leben Johannes des Täufers dar (ca. 1365) – leider wurde der untere Bereich durch einen Wassereinbruch weitgehend zerstört. Die Ausmalung der Apsis und des Triumphbogens ist älteren Datums (ca. 1330) und zeigt Christus mit der Weltenkugel sowie die Krönung Mariens. Ein künstlerisches Glanzlicht ist die Langhaus-Nordwand, an der in faszinierendem Detailreichtum und großer Plastizität die **Heiligenlegende Johannes des Evangelisten** erzählt wird – ein echtes Meisterwerk mittelalterlicher Wandmalerei, das italienische und deutsche Einflüsse perfekt in Einklang bringt.

Tipp für Spazierfreudige: Von der Kirche St. Johann im Dorf ist es nicht weit zum Oswaldweg [I C1–D2] und zum Anstieg zur Oswaldpromenade 16.

› **Chiesa die San Giovanni in Villa,** St.-Johann-Gasse, Tel. 0471 306200, Kirche geöffnet: Sa. 10–12.30 Uhr, Eintritt frei, Besichtigung nach tel. Voranmeldung

10 Franziskanerkloster ★★★ [I C2]

Etwas am nördlichen Rand des quirligen Bozner Gassentreibens gelegen, ist das Franziskanerkloster ein Ort spiritueller Einkehr und zugleich ein künstlerisch-architektonisches Kleinod. Vor allem der Kreuzgang ist ein Meisterwerk in puncto Schönheit und Harmonie.

Bereits beim Betreten des **Klosterhofes** von der Franziskanergasse aus umfängt den Besucher die besondere Stimmung des Gotteshauses. Unzählige Kerzen brennen vor der **Lourdes-Grotte,** deren Marienstatue die Bombardierungen des Zweiten Weltkriegs unbeschadet überstanden hat. Die heutige Klosteranlage stammt größtenteils aus dem 14. Jh.; ein Vorgängerbau des berühmten Bettelordens existierte bereits in der ersten Hälfte des 13. Jh. Deutlich jüngeren Datums sind die **farbenprächtigen Fenster** im Chor. Sie sind ein Werk des Innsbrucker Künstlers Josef Widmoser und

024bm-se

ersetzten 1954 die im Krieg zu Bruch gegangenen Vorgängerfenster. Dargestellt sind Szenen aus dem Leben des hl. Franziskus.

Der 1500 vom Brixener Meister Hans Klocker geschnitzte **Flügelaltar** ist ein Meisterwerk der Tiroler Spätgotik. Im Zentrum steht die Geburt Christi im Stall zu Bethlehem. Maria und Josef knien vor dem Jesuskind, das auch von Ochs und Esel betrachtet wird. In den Nischen erkennt man zwei Hirten, im Hintergrund nähern sich die Heiligen Drei Könige mit ihrem Gefolge. Christus ist im vorderen Kirchenbereich in dreifacher Gestalt dargestellt: in der Altarmitte wie erwähnt als Kind, im darüber schwebenden Kruzifix als Gekreuzigter und über der Kanzel als Auferstandener.

Bevor man den Kreuzgang betritt, sollte man unbedingt noch einen Blick auf das sogenannte **Doktorenfresko** links vom Haupteingang werfen. Es dürfte Anfang des 16. Jh. entstanden sein und stellt 21 Doktoren dar, von denen die meisten namentlich bezeichnet sind. Die Geistesgrößen des Mittelalters – unter ihnen drei Päpste des Franziskanerordens, Kardinäle, Mystiker und Professoren – befinden sich untereinander im Dialog.

Mit dem **Kreuzgang** betritt man ein echtes Bozner Architekturjuwel. Für manche Kunstkenner gilt er sogar als der schönste Kreuzgang Tirols. Die geometrische Harmonie und der spezielle Lichteinfall durch die eleganten Säulen verleihen dem Raum eine besondere Magie. Dazu kommt die reiche Bebilderung der Flügel. Im Südflügel befinden sich die ältesten Fresken aus dem 14. Jh. Sie stammen teilweise, wie etwa das Kreuzigungsfresko, aus der Schule des berühmten italienischen Malers Giotto. Im Ostflügel begegnen dem Besucher Fresken aus dem 16. Jh., im Nordflügel Malereien aus dem 17. Jh., die erst in den 1970er-Jahren wieder zum Vorschein kamen – 30 Medaillonbilder in den Gewölbefeldern, die Eremiten in Naturlandschaften zeigen.

Mittelalterliche Baukunst: der Kreuzgang des Franziskanerklosters

› **Chiesa e chiostro dei Francescani,** Franziskanergasse 1, Tel. 0471 977474, geöffnet: Mo.–Sa. 10–17.30, So. 14.30–17.30 Uhr, Eintritt frei

Der Mann aus dem Eis: Ötzis Geheimnisse

Eigentlich gebührt dieser Exkurs Bozen genauso wie Meran. Denn der Fundort der Eismumie liegt deutlich näher an Meran als an Bozen. Genauer gesagt befand sich das eisige Grab, das Ötzi Tausende Jahre lang beherbergte, am Tisenjoch nahe der Similaunhütte auf 3208 Metern Höhe.

Gefunden hatte die mumifizierte Leiche nicht etwa Reinhold Messner, der sich zufällig auch gerade in der Gegend befand, sondern ein älteres fränkisches Ehepaar im Rahmen einer Wanderung am 19. September 1991. Die beiden staunten nicht schlecht, als plötzlich neben einem Felsen der Oberkörper eines Menschen aus dem Eis ragte. Um sicher zu gehen, dass man ihnen unten im Tal auch glauben würde, machte der Mann ein Foto der Leiche, was sich später noch als nützlich erweisen sollte – denn so konnten sie beweisen, dass sie die Finder dieser archäologischen Weltsensation waren.

Doch zuvor ging man der Mumie ziemlich brutal zu Leibe. Mithilfe von Eispickel und Presslufthammer zerrte man den Körper aus dem Eis heraus und brach ihm den Arm, um ihn leichter in die Gerichtsmedizin nach Innsbruck transportieren zu können. Legendär wurde ein Interview des Gerichtsmediziners am Fundort, der an Bergsteiger appellierte, im Falle eines tödlichen Unfalls doch ihren Pass oder Ausweis zwecks Identifizierung bei sich zu tragen.

Fast wäre die Mumie zur Bestattung freigegeben worden, hätte nicht der Prähistoriker Konrad Spindler gewittert, dass es sich hier um etwas ganz Großes handeln könnte. Nach wenigen Untersuchungen war die Sensation perfekt: Was die fränkischen Wanderer da zufällig gefunden hatten, war nicht weniger als die älteste konservierte Leiche der Alpenregion – ein Tiroler Ureinwohner, der Jahrhunderte vor dem Bau der ägyptischen Pyramiden gelebt hatte, genauer gesagt vor etwa 5250 Jahren in der Kupfersteinzeit bzw. im Spätneolithikum.

Wie ein Lauffeuer verbreitete sich die Nachricht über die ganze Welt. Den Namen Ötzi kreierte ein Journalist einer Wiener Tageszeitung als Anspielung auf den Yeti und die Ötztaler Alpen. Im Gegensatz zum berühmten DJ Ötzi ließ er den Namen aber nicht schützen und ging finanziell leer aus. Einen Finderlohn von 175.000 Euro erhielt nach jahrelangem Rechtsstreit zumindest die Witwe des mittlerweile verstorbenen Ehemanns aus Franken. Gestritten wurde auch zwischen Nord- und Südtirol bzw. Österreich und Italien, und zwar darüber, wem Ötzi denn eigentlich gehöre – lag er doch genau auf der Grenzlinie der beiden Staaten. Nach etlichen Vermessungen bekam Italien schließlich recht und die Innsbrucker mussten die Mumie an Bozen überstellen.

Seither gibt Ötzi nach und nach seine Geheimnisse preis. Mittlerweile weiß man schon einiges über ihn: Mitte 40 dürfte er gewesen sein und knappe 1,60 Meter groß; die Augen waren vermutlich braun. Allzu gesund war er nicht: Die Zähne waren abgenutzt und von Karies und Parodontitis geschädigt, er litt an Gallensteinen, Arterienverkalkung und Borreliose (möglicherweise von Zecken übertragen). Auffällig waren zahlreiche kleine Tätowierungen, die zum Teil mit klassischen Akupunkturpunkten übereinstimmten und möglicherweise therapeutischen Zwecken dienten.

Als Medizin fand man bei der Mumie zwei Birkenporlinge. Diese heilkräftigen Pilze nährten die Hypothese, dass es sich um einen Schamanen gehandelt haben könnte. In seinem Magen wurden auch Spuren eines giftigen Farns gefunden. Was man lange Zeit übersah, ist eine Pfeilspitze in Ötzis Schulter. Viel deutet darauf hin, dass er kurz nach seiner letzten Mahlzeit – auf dem Speiseplan stand übrigens Steinbock – einem Tötungsdelikt zum Opfer gefallen war. Ob Ötzi letztlich wegen der Wunde verblutete oder durch ein schweres Schädel-Hirn-Trauma den Tod fand, kann wohl nicht endgültig geklärt werden.

Allgemein wird davon ausgegangen, dass der Fundort der Leiche auch der Tatort ist, wenngleich vor einigen Jahren die Theorie aufgestellt wurde, dass Ötzi im Tal zu Tode gekommen und im Gebirge samt Grabbeigaben feierlich bestattet worden sei.

Rätselhaft ist bis heute der Umstand, dass der oder die Täter zwar den Pfeilschaft aus Ötzis Körper gezogen, ihn jedoch offenbar nicht beraubt haben, hatte doch das neben der Mumie gefundene Kupferbeil damals einen beträchtlichen Wert.

Forschungsergebnisse aus dem Jahr 2023 legen nahe, dass Ötzis Vorfahren wohl aus Anatolien stammen dürften.

Nach wie vor ist der Andrang vor dem Mann aus dem Eis groß. Wenn man durch das kleine Fenster im Südtiroler Archäologiemuseum (11) auf die Mumie blickt, beschleicht einen dennoch das seltsame Gefühl, ob es nicht besser sei, wenn Ötzi dort ruhen würde, wo er vor fast 30 Jahren gefunden wurde: im hochalpinen Grenzgebiet zwischen Nord- und Südtirol.

› **Infos:** www.similaunhuette.com

(11) Südtiroler Archäologiemuseum ★★★ [I B3]

Archäologische Schätze aus mehreren Jahrtausenden Besiedlungsgeschichte sind es nicht, die jährlich mehr als 200.000 Menschen ins Bozner Archäologiemuseum locken. Es ist in der Tat ein einzelner Mensch, der Besucher aus aller Welt in seinen Bann zieht: der Mann vom Tisenjoch, die Mumie aus dem Eis, der berühmte Ötzi.

In archäologischer Hinsicht ist Südtirol eine echte Fundgrube, finden sich doch schon in der **Steinzeit** erste **Besiedlungsspuren.** Die Lage Südtirols an wichtigen Handelswegen über die Alpen hat über die Jahrtausende dazu beigetragen. Ganze Völkerscharen machten sich auf den Weg von Nord nach Süd und umgekehrt, einige ließen sich auch nieder und besiedelten Anhöhen wie den Ritten (20). Dementsprechend zeigt das dreistöckige Museum Funde aus den unterschiedlichsten **Epochen** – von der Steinzeit über die Römerzeit und die Zeit der Völkerwanderung bis hin zur frühmittelalterlich-karolingischen Epoche.

Die meisten Besucher halten sich mit den Hintergrundinformationen aus der Südtiroler Frühzeit nicht allzu lange auf; alle zieht es magisch zur **Eismumie.** Um **Ötzi** nach seiner Entdeckung 1991 eine adäquate neue Heimat zu schaffen, wurde das Museum 1998 eröffnet. Zuvor hatte sich Italien gegen Österreich durchgesetzt – beide hatten Anspruch auf die Mumie erhoben (s. Exkurs links).

Insbesondere vormittags müssen Reisende in der Hauptsaison Geduld aufbringen, teilweise reicht die **Warteschlange** bis hinaus auf die Straße. Alle wollen in den **ersten Stock:** Dort liegt der über 5000 Jahre alte Ur-Tiroler in seiner **Kühlkammer** bei exakt –6,5 °Celsius und einer Luftfeuchtigkeit von 97–99 Prozent, was den einstigen Bedingungen im Gletschereis nahekommen soll. Trotz bestmöglicher **Konservierung** verliert der 13,5 Kilogramm schwere Körper aus Haut, Muskeln, Knochen, Knorpeln, Bindegewebe und Wasser, der sich im Eis der Ötztaler Alpen auf sensationelle Weise seiner natürlichen Zersetzung verweigert hat, täglich einige Gramm Wasser. Um ihr die verlorene Flüssigkeit wieder zuzuführen, wird die Mumie alle drei Monate mit einem feinen Wassernebel behandelt.

Quasi als **Ötzis Leibarzt** fungierte über mehrere Jahrzehnte der Südtiroler Pathologe **Eduard Egarter Vigl**, der dem **Mann vom Tisenjoch** etliche Geheimnisse entlocken konnte und sich um dessen ideale Konservierung kümmerte. Seit einigen Jahren wird Ötzi von Oliver Peschel, Rechtsmediziner der Ludwig-Maximilians-Universität München, betreut.

Die Mumie lässt sich durch ein **Glasfenster** betrachten. Auch wenn seitens mancher Zeitgenossen ein gewisser Lärmpegel besteht, bringen ihr die meisten Besucher doch die angebrachte Pietät entgegen, was Lautstärke und Benehmen betrifft.

Neben etlichen Utensilien, die man am Tisenjoch neben der Mumie gefunden hat – darunter ein **Kupferbeil** – ist auch eine recht lebensnahe Darstellung Ötzis zu sehen: ein Mann mit nacktem Oberkörper, Fellhosen, langen Haaren und Bart. Man erfährt auch mehr über die Theorien zu Ötzis Leben und Sterben, wobei sich immer wieder neue Erkenntnisse ergeben.

Im dritten Stockwerk finden regelmäßig **Wechselausstellungen** statt.

› **Museo Archeologico dell'Alto Adige,** Museumstr. 43, Tel. 0471 320100, www.iceman.it, geöffnet: Di.–So. 10–18 Uhr, Juli, Aug. und Dez. auch Mo. geöffnet sowie Ausnahme-Öffnungstage siehe Website, Eintritt: Erw. 13 €, erm. 10 €, Familien mit 2 Erw. 26 €, Familien mit 1 Erw. 13 €

12 Museion ★★★ [I A4]

Mit diesem Neubau für das Museum für moderne und zeitgenössische Kunst am Ufer der Talfer hat Bozen 2008 sein Image als beschauliches und etwas provinzielles Alpenstädtchen abgelegt und ist architektonisch im 21. Jahrhundert gelandet.

Entworfen wurde der **futuristische Kubus** vom Berliner Architektenbüro KSV (Krüger, Schuberth, Vandreike), was durchaus bemerkenswert

025bm ©Frank, stock.adobe.com

ist: Schließlich kommen bei Projekten dieser Art in Südtirol traditionell eher die „eigenen Leute" zum Zug. Die **Lage** des Gebäudes an der Nahtstelle zwischen Bozner Altstadt und italienisch geprägter Neustadt kann als Symbol für die Einheit Bozens interpretiert werden und als Bekenntnis dazu, dass es in der Kunst keine sprachlichen oder ethnischen Barrieren gibt. Verstärkt wird die Funktion des Museions als Brückenbauer durch die gleichzeitig realisierte **Brückenkonstruktion** über die Talfer an der Südseite. Eigentlich sind es zwei Brücken in Form schwingender Kurven: eine für Radfahrer und eine für Fußgänger. Brücke und Kubus können als architektonische Einheit betrachtet werden.

Der 54 Meter lange und 25 Meter hohe Kubus ist eine Glas-Stahl-Konstruktion mit transparenter Hauptfassade, die durchaus im Kontrast zu den Nachbargebäuden steht. In den Abendstunden kann der Bau illuminiert werden und dient als große **Projektionsfläche.** Dann stellt das Gebäude in Verbindung mit der beleuchteten Brücke ein **lohnenswertes Fotomotiv** dar. Die Räumlichkeiten sind luftig und lichtdurchflutet. Neben seiner Funktion als Ausstellungsfläche bietet das Museion Künstlern eine Bühne für **Aktionen und Performances.**

Neben Werken aus der umfangreichen Sammlung des gleichnamigen Vereins werden auch die Exponate weltweit bekannter zeitgenössischer Künstler gezeigt. So hatten in der Vergangenheit etwa der mittlerweile verstorbene US-amerikanische Künstler **Mike Kelley** oder die österreichische Künstlerin **Valie Export** Ausstellungen. Auch die Rockband **Sonic Youth** ist bereits im Museion aufgetreten. 2023 feierte das Museum bereits sein 15-jähriges Bestehen.

› Piero-Siena-Platz 1, Tel. 0471 223413, www.museion.it, geöffnet: Di.–So. 10–18, Do. bis 22 Uhr, Eintritt: 10 €, erm. 5 €, bis 18 Jahre sowie Do. ab 18 Uhr Eintritt frei

‹ *Futuristisches Ausrufezeichen: das Museion mit geschwungener Brücke*

13 Siegesdenkmal ★★ [I A3]

Der monumentale Triumphbogen jenseits der Talfer war viele Jahrzehnte lang das umstrittenste Bauwerk Südtirols – symbolisiert es doch insbesondere in den Augen der deutschsprachigen Bevölkerung wie kein anderes die Unterdrückung durch den italienischen Faschismus. Mit der Errichtung einer permanenten Dokumentationsausstellung vor wenigen Jahren scheint man eine akzeptable Lösung im Umgang mit dem Monument gefunden zu haben.

Das nach Plänen des damaligen italienischen Stararchitekten **Marcello Piacentini** (1881–1960) errichtete **Marmor-Monument** wurde 1928 eingeweiht, nachdem das unvollendete Kaiserjäger-Denkmal für die Tiroler Toten des Ersten Weltkriegs dem Erdboden gleichgemacht worden war. Das ursprünglich zu Ehren des von den Österreichern hingerichteten italienischen Nationalisten Cesare Battisti geplante Denkmal diente schließlich der Würdigung der italienischen Weltkriegstoten und brachte – ganz im Sinne **Benito Mussolinis** – den Machtanspruch des **Faschismus** zum Ausdruck. Es sollte die Überlegenheit Italiens gegenüber dem unzivilisierten Norden symbolisieren.

Kein Wunder also, dass die **Siegesgöttin an der Ostfassade** einen Pfeil

Spaziergang durch „Mussolinis Bozen" westlich der Talfer

Wer Bozen und seine Geschichte verstehen will, sollte einen Abstecher in das westlich der Talfer gelegene Bozen unternehmen (Dauer des Spaziergangs: ca. 1 Std.). Der Gebirgsbach teilt die Stadt nicht nur geografisch, sondern auch in kulturell-ethnischer Hinsicht in zwei Hälften und diese Trennung ist bis heute spürbar: Jenseits von Talfer- und Drususbrücke hört man kaum mehr ein deutsches Wort. Auch die auf dem Reißbrett entworfene Architektur der 1920er- und 1930er-Jahre steht in deutlichem Kontrast zur mittelalterlichen Altstadt. Hier haben die italienischen Faschisten nach dem Ersten Weltkrieg in kürzester Zeit deutliche Zeichen ihrer Südtiroler Italianisierungspolitik gesetzt.

Vom Siegesdenkmal 13 aus, das unmissverständlich symbolisieren sollte, wer hier das Sagen hat, geht es zunächst flussabwärts zur Drususbrücke. Auch sie war einst ein Prestigeprojekt der neuen Machthaber und wurde bis in die 1970er-Jahre von Furcht einflößenden, steinernen römischen Adlern überwacht. Mit gestutzten Flügeln und recht düster dreinblickend, sind die zwei Raubvögel noch heute in der Dokumentationsausstellung unter dem Siegesdenkmal zu bewundern.

Gleich am Beginn der wenig attraktiven Drususallee (Viale Druso) [I ag–cf] hat sich ein bemerkenswertes architektonisches Bauwerk aus den 1930er-Jahren erhalten: das aufwendig restaurierte einstige GIL-Gebäude, das als Ausbildungsstätte für Mädchen der faschistischen Jugendorganisation GIL (Gioventù italiana del littorio) diente. Heute ist hier das Forschungszentrum EURAC beheimatet. In westlicher Richtung geht es durch die Drususallee weiter bis zur Italienallee (Corso Italia), in die man rechts einbiegt.

Nach etwa 200 Metern erreicht man den Gerichtsplatz (Piazza del Tribunale) [I bf], auf dem sich Mussolinis Architekten verewigt und die faschistische Ideologie gewissermaßen in Stein gegossen haben: Zwei monumentale Gebäude stehen sich gegenüber, rechts der Justizpalast mit seinen acht gewaltigen Säulen und der Inschrift „Pro italico imperio virtute iustitia hierarchia unguibus et rostris" („In Tapferkeit und Gerechtigkeit für die Herrschaft im italienischen Reich mit Zähnen und Krallen"), links die 1939–1942 errich-

039bm-se

tete Casa Littoria, das ehemalige Haus der faschistischen Partei. Dessen Fassade „schmückt" das größte Steinrelief Europas, der sogenannte Mussolini-Fries. Im Zentrum sitzt hoch zu Ross der „Duce" höchstpersönlich mit zum römischen Gruß erhobenem Arm; darunter sind die drei Schlagworte „credere, obbedire, combattere" („glauben, gehorchen, kämpfen") eingemeißelt. Das vom Bozner Bildhauer Hans Piffrader gestaltete, 95 Tonnen schwere und 36 Meter lange Relief ist das einzige verbliebene Mussolini-Denkmal Italiens und wurde – ähnlich wie das Siegesdenkmal – seitens der deutschsprachigen Bevölkerung als Provokation empfunden. Auch hier entschied man sich gegen den „Bildersturm", sondern versah das Relief 2014 mit dem Spruch „Kein Mensch hat das Recht zu gehorchen", welcher der jüdischen Publizistin Hannah Arendt zugeschrieben wird. Noch am wenigsten politischen Zündstoff birgt der Najadenbrunnen des Trentiner Bildhauers Eraldo Fozzer aus dem Jahre 1958.

Die Italienallee geht es weiter bis zur Freiheitsstraße (Corso Libertà), in die man rechts einbiegt. Durch monumentale Arkadengänge mit Geschäften und Bars – es wirkt fast so, als habe man die Laubengänge 5 der Altstadt übertrumpfen wollen – geht es zurück zum Siegesplatz, der neben dem Siegesdenkmal weitere architektonische Relikte aus der Epoche des Faschismus aufweist: streng geometrisch konstruierte Repräsentativbauten mit mächtigen Bögen, Inschriften und Reliefs.

◁ *Italiens „letzter Mussolini": das Steinrelief an der Casa Littoria*

in Richtung Norden schießt. Darunter steht in lateinischen Lettern: „Hic patriae fines siste signa. Hinc ceteros excoluimus lingua legibus artibus." (zu Deutsch: „Hier an den Grenzen des Vaterlandes setze die Zeichen. Von hier aus bildeten wir die Übrigen durch Sprache, Gesetze und Künste"). Im Zentrum des Denkmals findet sich eine Statue von Christus als Auferstandener über einem Altar.

Einige bedeutende zeitgenössische Künstler beteiligten sich an dem Prestigeprojekt; die enormen Kosten deckten Spenden aus der italienischen Bevölkerung. Am pompösen **Festakt** nahm auch König Vittorio Emanuele III. teil, gleichzeitig demonstrierten 10.000 wütende Tiroler am Innsbrucker Bergisel.

Nach dem Ende des Zweiten Weltkriegs forderten Teile der deutschsprachigen Bevölkerung die Schleifung des Denkmals – Radikale verübten 1978 sogar einen Anschlag. Für den überwiegenden Teil der italienischsprachigen Bevölkerung Bozens, die zudem die Bevölkerungsmehrheit in der Stadt stellt, verkörperte das Denkmal weiterhin ihre Identität. Im Rahmen eines **Referendums** sorgten sie 2002 dafür, dass der kurzfristig in Friedensplatz umbenannte Siegesplatz wieder seinen alten Namen erhielt.

Erst in den vergangenen Jahren fand man eine Lösung, mit der offenbar beide Bevölkerungsgruppen relativ gut leben können: Das renovierte und unter Denkmalschutz stehende Siegesdenkmal mit seinen 13 unterirdischen Räumen dient seit zehn Jahren als **permanente Dokumentationsausstellung** unter dem Titel **„BZ '18–'45: ein Denkmal, eine Stadt, zwei Diktaturen"**. Sie ist kostenlos zugänglich und informiert umfangreich und multimedial über die einzelnen Phasen der für Südtirol bewegten Jahre – von der Niederlage Österreichs und der Spaltung Tirols nach dem Ersten Weltkrieg über die faschistische Italianisierung Bozens bis hin zum Untergang des Faschismus und des Nationalsozialismus 1945. Besichtigen kann man dabei auch die **Krypta** mit den beiden großen Fresken-Allegorien „Die Hüterin der Geschichte" und „Die Hüterin des Vaterlandes". Aus dem Siegesdenkmal ist mittlerweile ein Mahnmal gegen Totalitarismus geworden.

› **Monumenta alla Vittoria,** Siegesplatz, www.siegesdenkmal.com, Dokumentationsausstellung geöffnet: April–Sept. Di., Mi., Fr., Sa., So. 11–13 und 14–17 Uhr, Do. 15–21 Uhr; Okt.–März Di.–Sa. 10.30–12.30 und 14.30–16.30 Uhr, So. 10.30–12 und 15–17 Uhr, Eintritt frei

14 Wassermauerpromenade ★ [I A2]

Zwischen Talferbrücke und Sankt-Antons-Brücke im Norden hat sich auf beiden Seiten des Flusses ein beliebtes **Naherholungsgebiet** entwickelt, das von Einheimischen und Touristen gleichermaßen genutzt wird. An den **Talferwiesen** gibt es **Spielplätze, Freizeitanlagen** wie einen großen **Skatepark** und jede Menge Platz für Sonnenanbeter.

Während die östliche, der Altstadt zugewandte Flussseite eher als Promenade dient, erstrecken sich am westlichen Ufer der **Petrarca-Park** und verschiedene Sportplätze. Das gesamte Areal ist zudem ideal für Jogger und Radfahrer. Neben den beiden großen Brücken ermöglichen etliche **Rad- und Fußgängerstege** das schnelle Überqueren der Talfer.

Eine **Wassermauer,** die Stadt und Weingärten vor Hochwasser schützen sollte, ist bereits seit dem Mittelalter nachgewiesen. Wer von der Talferbrücke linker Hand die Promenade flussaufwärts wandert, passiert nach einigen Hundert Metern das in einem **Weingarten** gelegene **Schloss Maretsch** 15 – der Fußgängerabgang zum Schloss befindet sich schon einige Meter davor. Weiter führt die Promenade zum Bozner **Vorort Sankt Anton** mit dem **Schloss Klebenstein.** Zum Schloss Runkelstein 19 ist es von hier aus nicht mehr weit.

Wer zurück ins Bozner Zentrum möchte, hat die Wahl, entweder die Talfer linker Hand zu überqueren und am westlichen Flussufer wieder zurückzulaufen oder aber rechter Hand über die **Schlössl Mühle** in wenigen Minuten den Einstieg zur **Oswaldpromenade** 16 zu erreichen und über diese in die Altstadt zu wandern. Die zweite Variante ist mit einem gewissen **Anstieg** verbunden, jedoch landschaftlich absolut empfehlenswert.

› Passeggiata Lungotalvera a Bolzano

15 Schloss Maretsch ★ [I B2]

Unweit der Wassermauerpromenade 14 und von dort über einen Treppenabgang erreichbar, thront Schloss Maretsch inmitten eines Weingartens. Es dient als Veranstaltungszentrum, kann aber an Tagen ohne Events besichtigt werden.

Benannt ist das Schloss nach den **Herren von Maretsch,** die dem Tiroler Landesfürsten nahestanden und ihm die Herrschaft über den Bozner Talkessel sicherten. Der älteste Teil des Schlosses entstand in der ersten Hälfte des 13. Jahrhunderts. Aus dieser Epoche stammt auch der mächtige **Bergfried,** von dem aus man einen **wunderbaren Blick** über Bozen bis zur Felsenlandschaft des Rosengartens, eines Bergmassivs, erhaschen kann.

Ab dem Jahre 1477 nimmt mit der **Familie Römer** ein anderes Adelsgeschlecht das Schloss in Besitz. Dem Geschmack des 16. Jahrhunderts entsprechend, wird die Anlage im Stile der Renaissance erweitert und mit Fresken verziert. Künstlerisch ausgetobt hat man sich insbesondere im **Römersaal**, der nach der erwähnten Adelsfamilie und nicht nach den antiken Römern benannt ist. Insbesondere der original bemalten **Holzdecke** und den **Wandfresken**, die in der sogenannten Grisailletechnik ausgeführt worden sind, sollte man Beachtung schenken. In Form von Allegorien sind unterschiedliche Tugenden dargestellt. Kurioserweise wird zu den üblichen Kardinaltugenden Gerechtigkeit, Mäßigung, Tapferkeit und Weisheit auch die Geduld (Patientia) thematisiert. Dazu gibt es eine interessante historische Interpretation: Da Lukas Römer, der die Malereien in Auftrag gegeben hatte, insgeheim stark mit den Idealen der Reformation liebäugelte, musste er die Anfeindungen der katholischen Seite quasi geduldig ertragen.

Im langgezogenen **Philosophengang** findet man sogar einen berühmten Reformator, wenngleich er sich dort gut getarnt hat: den Schweizer Johannes Calvin, der unter dem Pseudonym Peter Spetsker als Person an der Wand erscheint.

Auch Romantiker kommen in Schloss Maretsch auf ihre Kosten: In der **Loggia** ist die vom römischen Dichter Ovid stammende tragische Liebesgeschichte von Pyramus und Thisbe dargestellt.

› **Castel Marecchio,** Claudia-de'-Medici-Str. 12, Tel. 0471 976615, www.maretsch.info, geöffnet: außerhalb von Veranstaltungen (siehe Website) 9–12.45 und 14–17 Uhr, Eintritt: 5 €

Ziele rund um das Bozner Zentrum

Rund um das Stadtzentrum warten einige echte Highlights darauf, entdeckt zu werden: allen voran die Oswaldpromenade 16 *und das Schloss Runkelstein* 19*. Beide Ziele sind, ebenso wie Sankt Magdalena* 17 *oder Kloster und Pfarrkirche Muri-Gries* 18*, nicht weit von der Innenstadt entfernt und können sogar zu Fuß erreicht werden. Den Ritten* 20 *erklimmt man dank der beim Bahnhof gelegenen Talstation der Seilbahn schnell und unkompliziert. Lediglich Schloss Sigmundskron mit dem Messner Mountain Museum* 22 *ist ein paar Kilometer entfernt, aber dennoch keine Weltreise.*

16 Oswaldpromenade

★★★ [I D1]

Einen Spaziergang entlang der Oswaldpromenade sollte man sich nicht entgehen lassen. Hoch über der Stadt bietet sich dem Besucher die herrlichste Aussicht auf Bozen. Hinter jeder Kurve tut sich ein neues Fotomotiv auf. Gleichzeitig ist der Höhenweg eine wahre Schatztruhe für Naturliebhaber.

Es geht durch **submediterranen Buschwald** mit einer reichen Artenvielfalt. Fast das ganze Jahr über blüht und grünt es hier oben. Neben Hopfenbuchen, Blumeneschen und Flaumeichen findet man auch Agaven, Palmen, Oleanderbüsche und Ohrenkakteen, die so mancher Tourist mitten in den Alpen nicht vermuten würde.

Immer wieder huschen **Eidechsen** über das dunkle Porphyrgestein. Die sogenannte **Bozner Porphyrplatte** stellt mit 6000 Quadratkilometern das größte Vulkanvorkommen der Alpen dar. Eigenhändig berühren kann

man das von der Sonne aufgeheizte Vulkangestein, das die Wärme besonders gut speichert, weshalb es sich auch nach Sonnenuntergang noch gut auf einer der vielen Bänke aushalten lässt – besonders Liebespaare zieht es in Mondscheinnächten hinauf auf den „**Bozner Balkon**". Dann hört man vielleicht auch den Gesang der Nachtigall und hat den Duft der mannigfaltigen Kräuter in der Nase. Eine Promenade für alle Sinne!

Wer von **Sankt Magdalena** (17) aus loswandert, kann sich auf halber Strecke bei einem **Wegkreuz** und dem **Karl-Ritter-von-Müller-Denkmal** entscheiden, ob er vorzeitig hinunter zur Altstadt absteigen möchte oder den Weg weiter bis zum Ortsteil Sankt Anton und zur Talfer (Wassermauerpromenade (14)) fortsetzt beziehungsweise den Pfad in Richtung **Schloss Runkelstein** (19) einschlägt. Das Denkmal selbst erinnert an Ingenieur Karl Ritter von Müller, einen wichtigen Förderer des Bozner Tourismus, dessen finanzielle Mittel den Bau der Oswaldpromenade ermöglichten.

› Passeggiata Sant'Osvaldo

(17) Sankt Magdalena ★★ [I df]

In dreierlei Hinsicht lohnt sich ein Abstecher in den kleinen Ort oberhalb Bozens: wegen des hervorragenden Weins, wegen der Aussicht auf Bozen und die Dolomiten und insbesondere wegen der magischen kleinen Kirche mit ihren erhaltenen Fresken.

Vom Bozner Bahnhof aus erreicht man den Ort **zu Fuß** in ca. einer halben Stunde. Nahe der Talstation der Rittner Seilbahn (s. S. 53) geht es steil bergauf zu den **Weinhöfen**, die sich Schwalbennestern gleich an den Hang krallen. Am Festtag der hl. **Maria Magdalena**, dem 22. Juli, herrscht hier oben Ausnahmezustand. Dann fließt der Magdalener, ein hellroter, süffiger Rotwein, in Strömen. Ansonsten geht es hier eher beschaulich zu.

Die kleine Kirche **St. Magdalena in Prazöll** wird gerne als Kraftort bezeichnet und dürfte auf einem **alten Kultplatz** stehen, der wohl schon in

Großartiges Bozen-Panorama von der Oswaldpromenade (16)

vorchristlicher Zeit religiösen Zwecken diente. Weit schweift der Blick über die Weinreben hinweg, das **Eisacktal** aufwärts in Richtung Dolomiten. Wer am Freitag- oder Samstagnachmittag herkommt, hat das Glück, das Gotteshaus von innen besichtigen zu können. Es ist komplett mit **mittelalterlichen Fresken** ausgeschmückt, die teils um 1300, teils um 1370 entstanden sind. Die späteren Werke weisen gotische Einflüsse auf und sind wahre Meisterwerke voll Emotionalität und Plastizität; sie dürften von italienischen Meistern aus der Schule Giottos stammen.

Neben der Passion Christi und einer Kreuzigungsszene findet man unter anderem die Darstellung des Jüngsten Gerichts an der Westwand. Einen breiten Raum nimmt der Freskenzyklus aus der **Magdalenen-Legende** ein, der sich im Uhrzeigersinn in zehn Bildern von der Südwand bis zur Nordwand erstreckt. Die Motive reichen von der Bekehrung der Sünderin über die Salbung der Füße Christi bis hin zur nicht biblisch überlieferten Überfahrt nach Marseille, von der Buße in der Wüste zum Empfang der Heiligen Kommunion durch Bischof Maximus. Auch an der **Außenwand** der Kirche, direkt neben dem Eingang, begegnet dem Besucher die Heilige, dargestellt mit einem Salbgefäß.

Von Sankt Magdalena aus besteht ein Zugang zur Oswaldpromenade (16).

› **Chiesa di Santa Maddalena,** Untermagdalena, geöffnet: Mitte April–Okt. Fr., Sa. 16–18 Uhr oder nach Vereinbarung (info@bolzano-bozen.it), Eintritt frei

(18) Benediktinerkloster Muri-Gries und Alte Grieser Pfarrkirche ★ [I bf]

Kirchenliebhabern sei ein Abstecher in den Bozner Stadtteil Gries-Quirein ans Herz gelegt. Die Stiftskirche der Benediktinerabtei Muri-Gries ist ein Beispiel barocker Architektur. In der benachbarten Alten Pfarrkirche lassen sich ein wunderschönes romanisches Kruzifix und ein gotischer Flügelaltar von Michael Pacher bestaunen.

Bereits im späten 11. Jahrhundert errichteten die Grafen von Bozen auf dem Areal eine Wehranlage. Graf Meinhard II. von Tirol verwandelte sie um das Jahr 1270 in eine landesfürstliche Burg mit einem wehrhaften Bergfried. Dieser fungiert heute als Glockenturm der Kirche und beherbergt eine der schwersten Glocken Südtirols. Ab 1406 diente die Anlage den **Augustiner Chorherren** als Kloster. Übel mitgespielt wurde

028bm-se

› *Fresko der heiligen Magdalena an der Außenwand der Kirche* den Patres während des Bauernkrieges 1525 und später durch den Einfall napoleonischer Truppen in Tirol. Nach dem Zwangsanschluss Tirols an Bayern im Jahr 1805 wurde das Augustinerkloster 1807 säkularisiert.

Allerdings konnten die Okkupanten das klösterliche Leben nur eine Zeit lang zum Verstummen bringen. Nachdem die Franzosen besiegt und die Bayern wieder nach Norden zurückgeschickt worden waren, erlaubten 1841 der österreichische Kaiser Ferdinand I. und Fürst von Metternich, sein wichtigster Politiker, 35 Brüdern des Schweizer Benediktinerklosters Muri, sich in Gries anzusiedeln. Diese hatten durch einen klosterfeindlichen Erlass ihre Heimat verlassen müssen. Ab 1845 übernahmen die **Benediktiner** somit die Rolle der früheren Augustiner und hauchten dem Kloster wieder neues Leben ein. Seither heißt es **Muri-Gries.**

An den Gründervater der Augustiner, den heiligen Augustinus, erinnert bis heute die **Stiftskirche Sankt Augustin** aus dem 15. Jahrhundert, die etwa gleichzeitig mit dem Kreuzgang errichtet worden war. Sie wurde zwischen 1769 und 1771 im Stil des Barock umgebaut und gilt kunstgeschichtlich als bedeutendes Beispiel spätbarocker Architektur im Bozner Raum.

Die monumentale **Fassade** weist klassizistische Elemente des Trienter Architekten Antonio Giuseppe Sartori auf. Im Inneren sind Decke und Kuppel mit farbenprächtigen Fresken des Künstlers **Martin Knoller** (1725–1804) ausgemalt; sie zeigen unter anderem Szenen aus dem Leben des heiligen Augustinus. Auch die Altarbilder der Seitenaltäre stammen von dem berühmten Kirchenmaler aus Steinach am Brenner. Die Ausstattung aus dem 18. Jahrhundert – etwa Orgel und Altar – sind ebenso original erhalten.

Die Benediktinermönche betreiben einen **Weingarten**, von dessen Erzeugnissen man sich in der **Vinothek** (s. S. 58) überzeugen lassen kann.

Wer einen Zeitsprung vom Barock in die Epoche der Romanik machen möchte, sollte die einige Meter nördlich gelegene **Alte Grieser Pfarrkir-**

082bm-nw

che besuchen. Sie beherbergt zwei kunstgeschichtlich spannende Objekte. An dieser Stelle befand sich schon seit Urzeiten eine menschliche Ansiedelung; auch die Kirche selbst ist ab 1165 urkundlich bezeugt. Die heutige Kirche stammt großteils aus dem 15. Jahrhundert. Aus der romanischen Epoche hat sich jedoch ein ganz besonderes Kruzifix erhalten, das von Kunsthistorikern als besonderes Kleinod der Bildhauerkunst gepriesen wird: das sogenannte **Hepperger Kreuz.** Trotz seines hohen Alters wirkt die überlebensgroße Darstellung des Gekreuzigten aufgrund der schlichten Geradlinigkeit auf manche Besucher direkt modern. Wie bei romanischen Kruzifixen üblich, wird Christus nicht in leidender Haltung, sondern als Überwinder des Todes dargestellt.

In der **Erasmuskapelle** an der Südseite des gotischen Chores befindet sich der Schatz der Kirche: der zwischen 1471 und 1475 entstandene **Marienkrönungsaltar** von **Michael Pacher** (um 1435–1498). Der berühmte Südtiroler gilt als einer der bedeutendsten Vertreter der spätgotischen Schnitzkunst. Der Altar zeigt links den Erzengel Michael und rechts den heiligen Erasmus, seines Zeichens Schutzpatron des Feuers; im Zentrum ist die von der Heiligsten Dreifaltigkeit – Gottvater, Gottsohn und Heiliger Geist in Gestalt einer Taube – gekrönte Gottesmutter dargestellt. Flankiert wird Maria zusätzlich von zwei – besonders liebenswert dargestellten – musizierenden Engeln.

Die Stiftskirche des Benediktinerklosters Muri-Gries (18) ist ein Meisterwerk des Barock

MEIN TIPP

Klösterliche Tropfen

Die klösterliche **Vinothek Muri-Gries** (s. S. 58) bietet Weine aus eigenem Anbau an. Man hat sich ganz der heimischen Rebsorte Lagrein verschrieben, welche in den klösterlichen Weingärten bestens gedeiht und vom klösterlichen Kellerei-Team in ausdrucksstarke Rotweine verwandelt wird. Nach dem Besuch des **Benediktinerklosters Muri-Gries** (18) mit der barocken Kirche lohnt sich eine Verkostung der edlen Tropfen.

Der rund um die Kirche angelegte alte **Friedhof** mit seinen schmiedeeisernen Kreuzen ist ebenfalls sehenswert und strahlt eine besondere Stimmung aus.

- **Convento Benedettini Muri-Gries (Benediktinerkloster Muri-Gries),** Grieser Platz 21, www.muri-gries.it, Voranmeldung für Führungen unter Tel. 0471 281116
- **Vecchia chiesa parrocchiale di Gries (Alte Grieser Pfarrkirche),** Martin-Knoller-Str. 5, www.pfarreigries.com, geöffnet: April–Ende Okt. Mo.–Fr. 10–12 und 14.30–16 Uhr, Voranmeldung für Führungen unter Tel. 0471 281116

(19) Schloss Runkelstein ★★★ [I ce]

An den Wänden dieser nördlich von Bozen gelegenen Burganlage lässt sich ein europaweit einmaliger Schatz bewundern: der größte profane Freskenzyklus des Mittelalters. Nirgendwo kommt man dem Alltag, der Mode, dem Lebensgefühl und der Lebensfreude des höfischen Mittelalters so nahe wie in der Bilderburg am Eingang des Sarntals. Und plötzlich ist das vermeintlich so finstere Mittelalter gar nicht mehr so finster!

Errichtet wurde die **wehrhafte Anlage** auf dem markanten Felsen am Eingang des **Sarntals** ab 1237 von

030bm ©LianeM, stock.adobe.com

den Brüdern Friedrich und Beral von Wangen. Mehr als hundert Jahre später, nämlich 1385, erwarben die beiden Bozner Kaufmannssöhne **Niklaus und Franz Vintler** das Schloss. Ihnen ist der berühmte **profane Freskenzyklus** zu verdanken – und mit „profan" ist hier keineswegs „gewöhnlich" gemeint, sondern schlicht und einfach „nicht sakral", also „weltlich". Denn erhaltene profane Fresken sind im Gegensatz zu den in vielen Kirchen zu findenden Heiligendarstellungen höchst ungewöhnlich und selten.

Die Fresken entstanden in der Zeit zwischen 1388 und 1410. Ein ganz besonderes Kleinod ist die **Badestube** im westlichen Palas. Sie zeigt an den Wänden einzelne, separate Arkadenfelder, aus welchen dem Betrachter männliche und weibliche Personen in höfischer Kleidung entgegenblicken, kombiniert mit der Darstellung wilder, exotischer Tiere an der Südwand. Einen Blick hinauf zum dunkelblauen Sternenhimmel, der die Holzdecke verziert, sollte man unbedingt werfen. Wer genauer hinschaut, wird auch Sonne und Mond mit lächelnden Gesichtern in trauter Zweisamkeit entdecken.

Das oberste Stockwerk des Westpalas, der **Rittersaal**, widmet sich großflächig einem Ritterturnier. Die höfische Gesellschaft gibt sich lebensfroh und freizügig, was auch an den offenherzigen Dekolletés der Damen erkennbar ist. Die Mode ist bunt und verspielt.

Sehr weltlich und durchaus romantisch geht es im **Saal der Liebespaare** zu, in dem einander innig zugewandte Pärchen abgebildet sind.

Auch die Liebhaber romantischer Heldenepen kommen auf ihre Kosten: An den ursprünglich romanischen Gebäudekern ließen die Vintler-Brüder das sogenannte **Sommerhaus** anbauen, das neben Terra-Verde-Malereien (Grünmalereien) zum Stoff von

Thront majestätisch auf einem Felsen: Schloss Runkelstein 19

„Tristan und Isolde“ von Gottfried von Straßburg auch eine der ältesten Darstellungen der **Tafelrunde von König Artus** aufweist. Eine Besonderheit ist hier die bislang einzige bildliche Darstellung der Artus-Geschichte „Garel vom blühenden Tal“. Die Außenwände des Sommerhauses, an dem der Freiluft-Umgang entlangläuft, zeigen Dreiergruppen historischer Persönlichkeiten: unter ihnen antike Helden wie Hektor und Alexander der Große, biblische Gestalten wie König David und frühmittelalterliche Heroen wie König Artus und Karl der Große.

Auch die 1390 geweihte **Burgkapelle** ist mit Wandmalereien geschmückt, in diesem Fall natürlich mit christlichen: Zu sehen sind unter anderem eine Kreuzigungsgruppe, die Geschichte von Kain und Abel sowie Szenen aus der Legende des heiligen Christophorus.

Eine **Führung** durch die Bilderburg lohnt sich, da hinter einzelnen Details oft mehr Bedeutung steckt. Neben der permanenten mittelalterlichen Hauptausstellung gibt es **Sonderausstellungen.**

Im Rahmen eines **Halbtagesausflugs** lässt sich Schloss Runkelstein von Bozen aus gut **erwandern:** entweder über die Wassermauerpromenade 14 und Schloss Maretsch 15 oder über die Oswaldpromenade 16.

- **Anfahrt:** April–4. Nov. tägl. 10–17.30 Uhr kostenloser Shuttle-Bus ab Waltherplatz 1 oder Bus 12 (Mo.–Sa.) und Bus 14 (So. und feiertags) bis Busstation Jenesien-Seilbahn, Fahrplanauskunft: www.suedtirolmobil.info/de
- **Castel Roncolo,** 15 Sill, Renon (Ritten), Tel. 0471 329808, www.runkelstein.info, geöffnet: Mitte März–1. Nov. Di.–So. 10–18 Uhr, 2. Nov.–Mitte März Di.–So. 10–17 Uhr, Eintritt: 8 €, erm. 5,50 €, Schüler 2,50 €, Familien 16 €

20 Ritten mit Erdpyramiden ★★★

Wem es im Sommer im Bozner Talkessel zu stickig wird, gelangt in Windeseile in klimatisch angenehmere Höhen. Eine Fahrt mit der Rittner Seilbahn auf das in knapp 1200 Meter Höhe gelegene Plateau lohnt sich jedoch auch zu anderen Jahreszeiten. Bereits in vorchristlicher Zeit besiedelt, bildet der Ritten eine uralte Kulturlandschaft. Naturschönheiten wie die berühmten Erdpyramiden und eine kleine Schmalspurbahn runden den Besuch ab.

Nur wenige Gehminuten vom Bozner Bahnhof entfernt, pendelt die **Rittner Seilbahn** zwischen der Südtiroler Hauptstadt und Oberbozen hin und her. Während sich einheimische Pendler oft auf ihr Smartphone konzentrieren oder Zeitung lesen, staunen Touristen während der knapp **viertelstündigen Fahrt** über den **einmaligen Blick** auf die Weinberge von Sankt Magdalena 17 und über die ersten Erdpyramiden, die man in der Nähe der kleinen Kirche Sankt Jakob erkennt.

Eine moderne Anlage löste die alte Pendelbahn von 1966 im Jahr 2009 ab und befördert bei hohem Andrang

MEIN TIPP

Urige Einkehr in der Burgschänke

Wer **Schloss Runkelstein** 19 ausgiebig besichtigt und die Burganlage vielleicht sogar zu Fuß erklommen hat, der hat sich eine Stärkung verdient. Im Gewölbe der Burgschänke kann man sich ritterlich an **Tiroler Schmankerln** laben.

- **Burgschänke,** Tel. 0375 6045180, geöffnet: während der Besuchszeiten von Schloss Runkelstein

bis zu 720 Personen pro Stunde. Ebenso wie die Kohlerer Bahn 21 und die Seilbahn nach Jenesien 23 gehört sie zum **Südtiroler Verkehrsverbund** und wird daher wie ein Stadtbus benutzt (gleiches gilt auch für die Rittner Bahn).

Das Dorf **Oberbozen** an der Bergstation hat touristisch nicht allzu viel zu bieten. Einige Ritten-Besucher wandern ein Stück hinunter zur **Kirche Maria Himmelfahrt** und zu den dortigen Erdpyramiden, die meisten steigen schnurstracks in die **Rittner Schmalspurbahn** und fahren weiter nach **Klobenstein** – denn dort warten noch spektakulärere Pyramiden!

Die Fahrt mit dieser elektrischen **Nostalgiebahn** ist ein gemütliches Vergnügen. In gemächlichem Tempo verbindet die Bahn die kleinen Weiler zwischen Maria Himmelfahrt und Klobenstein auf einer Länge von 6,8 Kilometern und benötigt dafür etwa 20 Minuten. Die Adhäsionsbahn (Reibungsbahn) ist damit quasi nur noch der Überrest der ehemaligen Rittner Bahn, die sich bis 1966 als Zahnradbahn direkt von Bozen auf den Bergrücken quälte.

Vom **Klobensteiner Bahnhof** aus lassen sich verschiedene **Panoramawege** beschreiten. Der Weg zu den **Erdpyramiden** im Finsterbachgraben bei Maria Saal ist durch **Wegweiser auf dem Asphalt** gekennzeichnet. Allerdings sollte man hier die Weglänge von 7 Kilometern hin und zurück (ca. 2 Std.) nicht unterschätzen. Zunächst geht es an der Kirche mit einem gespaltenen Stein samt Brunnen vorbei in Richtung Lengmoos und dann weiter bis zu einer **Aussichtsplattform.** Bei den Erdpyramiden handelt es sich um rund 25.000 Jahre alte pfeilerartige Erosionsgebilde, an deren Spitze oft Steine liegen, die den Erosionsvorgang über Jahrtausende aufgehalten haben. Herausgekommen ist eine bizarr wirkende Laune der Natur.

Als Alternative zum Erdpyramidenweg kann man den Rundgang über die **Fennpromenade** wählen. Sie führt relativ eben durch kühlen Wald bis zu einem schönen Aussichtspunkt mit Blick auf die Felsspitzen der Dolomiten und weiter zu einem Platz, von dem aus man die Erdpyramiden im Tal aus der Ferne betrachten kann.

031bm ©Edler von Rabenstein, stock.adobe.com

MEIN TIPP

Zu Gast „am Gleis"

Das Restaurant findet sich in **Oberbozen,** einige Minuten von der Seilbahnstation entfernt, und eignet sich gut für eine kulinarische Verschnaufpause nach einer ausgiebigen Erkundung des Ritten 20 – oder auch zur Stärkung davor. Feinschmeckertipp! Es gibt hervorragende und kreativ zubereitete Gerichte und gratis dazu von der Terrasse einen schönen **Dolomiten-Blick.**

3 Am Gleis €€€, Dorf 36a, Oberbozen am Ritten, Tel. 0471 1550607, www.amgleis.it, geöffnet: Do.–Di. 12–14 und 19–21 Uhr

Weitere Ausflugsziele auf dem Ritten sind unter anderem der **Wolfsgrubener See** und das **Rittner Horn** (s. S. 66) – Letzteres ist insbesondere auch für Wintersportler von Interesse.

› Renon
› **Rittner Seilbahn:** Abfahrten Mo.–Sa. 6.30–21.48 Uhr alle 4–8 Min., letzte Fahrt 22.45 Uhr (tagesaktuell überprüfen!), So., Feiertage ab 7.10 Uhr, Hin- und Rückfahrt 10 €, Fahrplan unter www.ritten.com/de/sonnenplateau/highlight/seilbahn.html
› **Rittner Schmalspurbahn:** ganzjähriger Betrieb im Halbstundentakt ab Oberbozen und Klobenstein, morgens und abends im Stundentakt, genaue Abfahrtszeiten siehe Fahrplan unter www.ritten.com/de/sonnenplateau/highlight/rittner-bahn.html, Hin- und Rückfahrt 6 €, Kombi-Ticket mit Rittner-Seilbahn 14 € (Hin- und Rückfahrt)
› Beide Bahnen sind in der **Mobilcard** (s. S. 128) inbegriffen.

•**1** [I df] **Talstation Rittner Seilbahn,** Rittnerstr. 12, ca. 10 Min. zu Fuß vom Bhf. Bozen

•**2 Rittner Schmalspurbahnstation Oberbozen**

21 Kohlern und Kohlerer Bahn ★ [I dh]

Die Bozner Touristiker bezeichnen sie gern als **„erste Seilbahn der Welt",** wenngleich sich Experten darüber nicht ganz einig sind. Eine der ersten Luftseilbahnen für den Personentransport ist die **Kohlerer Bahn,** die Bozen mit dem kleinen, auf 1100 Metern Höhe gelegenen **Bergdorf Kohlern** verbindet, auf jeden Fall.

Der ehrgeizige **Pionier,** der die erste Seilbahn bereits 1908 ins Leben rief, hieß Josef Staffler. Der Wirt war fest davon überzeugt, mithilfe der neuartigen Konstruktion Massen von Reisenden zu seinem Hotel zu locken – und tatsächlich taten dies schon in den ersten beiden Jahren nach der Eröffnung etwa 100.000 Passagiere. 1913 ging eine noch modernere Bahn in Betrieb, die allerdings im Zweiten Weltkrieg Fliegerbomben zum Opfer fiel. 1965 nahm die dritte Kohlerer Bahn ihren Betrieb auf; seit 2006 gibt es Kabinen für 20 Personen und seit 2017 ist sie Teil des Verkehrsverbunds Südtirol.

Die kleine Siedlung ist bis heute ein beliebter **Ausgangspunkt für Wanderungen.** Ein 36 Meter hoher **Aussichtsturm** bietet eine wunderbare Aussicht auf das Bozner Becken, den gegenüberliegenden Ritten 20 und die umliegende Bergwelt.

› Colle di Bolzano
› **Kohlerer Bahn:** Talstation am Kampennerweg 4, Anfahrt vom Bhf. Bozen mit Bus 6, 9 (werktags), 14 (Sonn- und Feiertag) bis Haltestelle Kampillerbrücke, Abfahrten ca. halbstündlich, Tel. 0471 978545, www.kohlererbahn.it, genaue Fahrzeiten s. Website, Hin- und Rückfahrt: 8 €

Die berühmten Erdpyramiden 20, im Hintergrund Sankt Jakob

033bm-se

22 Schloss Sigmundskron mit Messner Mountain Museum ★★ [I ah]

Zwischen Etsch und Eisack thront auf einem vulkanischen Porphyrausläufer unübersehbar **Schloss Sigmundskron.** Besiedelt war der Sporn bereits in der Steinzeit: 2006 entdeckte man ein etwa 6000 Jahre altes Grab mit den Gebeinen einer Frau, die damit noch älter sein dürfte als der berühmte Ötzi (s. S. 38).

Benannt ist das Schloss nach **Herzog Sigmund dem Münzreichen** (1427–1496). Der Tiroler Landesfürst war tatsächlich so „münzreich", dass er die 945 erstmals erwähnte Burg 1473 erwarb und sie in großem Stil als wehrhafte Anlage ausbauen ließ. Irgendwann gingen die Münzen jedoch auch bei Sigmund zur Neige, sodass der Koloss verpfändet werden musste und nach und nach zur Halbruine verfiel. Verschiedene Adelsgeschlechter nannten Sigmundskron im Laufe der Jahrhunderte ihr Eigen. In der Nachkriegszeit galt die Burg als Symbol der Südtiroler Autonomiebestrebungen und diente zwischenzeitlich als Gastwirtschaft, ehe sie schließlich Eigentum der Südtiroler Landesverwaltung wurde. Nach längeren Diskussionen über die zukünftige Nutzung erhielt schließlich **Reinhold Messner** für sein geplantes Museum den Zuschlag.

Schloss Firmian – so der zweite, noch aus dem Hochmittelalter stammende Name der Burganlage – ist dabei einer von insgesamt sechs über die italienischen Alpen verteilten Standorte des groß angelegten Museumsprojekts, das der schillernde Guru des Alpinismus selbst als seinen „15. Achttausender" bezeichnet. Firmian bildet dabei gleichsam das kreative Herz des Projekts.

Schon die Bezeichnung **„Der verzauberte Berg"** deutet an, dass es sich hier nicht um eine rein naturwissenschaftliche **Ausstellung** handelt, sondern eine Annäherung an die Faszination der Berge auf philosophischer, religiöser und spiritueller Ebene. Einen breiten Raum nimmt dabei der Buddhismus ein, den Messner auf seinen Abenteuern im Himalaya kennengelernt hat. Der Rundgang führt durch eine Wechselausstellung und über sechs Türme. Das Museumskonzept erarbeitete Messner zusammen mit dem Architekten Werner Tscholl. Ganz bewusst wurde der Rundgang einer Bergtour in der Natur nachempfunden, auf der sich der Besucher seinen Weg bahnen muss. An Wochenenden und während der Hauptsaison kann es im Museum durchaus etwas voll werden.

› **MMM Firmian,** Sigmundskroner Str. 53, Tel. 0471 631264, www.messner-mountain-museum.it (unter „Firmian"), geöffnet: vom 3. So. im März bis 2. So. im Nov. Fr.–Mi. 10–18 Uhr, Eintritt: 15 €, erm. 13 €, Kinder 6–18 Jahre 6 €, Familien 34 €

Ölbäume im Innenhof des Messner Mountain Museum

23 Jenesien ★

Über eine **kurvige Straße** mit mehreren **Tunneln** geht es hinauf nach Jenesien, der **Sonnenterrasse Bozens,** wie sich die **Gemeinde** selbst gerne touristenwirksam beschreibt. Der Name leitet sich von dem römischen Soldatenheiligen Genesius ab, schon 1186 wird von einem Berg namens „Mons sancti genesii" berichtet.

Noch bis Ende des vergangenen Jahrhunderts herrschte hier eine ausgesprochen dörfliche Atmosphäre. In den vergangenen Jahrzehnten verlagerten immer mehr Bozner ihren Wohnsitz auf das Hochplateau, das aus den vier Fraktionen (Gemeindeteilen) **Flaas, Glaning, Afing und Nobls** besteht.

Bereits seit 1936 verband eine **Drahtseilbahn** im Norden Bozens den Talkessel mit dem Hauptort Jenesien. Diese Seilbahn wurde 2020 eingestellt, 2023 abgebaut und soll ab 2024 wieder neu errichtet werden. Da die Sehenswürdigkeiten jedoch ohnehin relativ weit auseinander liegen, lohnt sich ein Ausflug mit dem Auto oder man bezieht direkt vor Ort ein Quartier – mittlerweile gibt es hier oben auch ein reiches Angebot an **Unterkünften.**

Darüber hinaus stehen etliche **Freizeitaktivitäten** zur Auswahl: Man kann auf Haflinger Pferden reiten oder die **„Stoanernen Mandln"** besichtigen, künstlich errichtete Steinpyramiden in der Nähe von Flaas. Auch Erdpyramiden findet man in Jenesien, wenngleich diese nicht so spektakulär sind wie jene auf dem Ritten 20. Eine besonders idyllische Landschaft für Wanderer stellt der **Salten** mit seinen zahllosen Lärchen dar.

› San Genesio, www.jenesien.net

Praktische Reisetipps Bozen

An- und Weiterreise

Alle Informationen hierzu stehen auf der S. 116.

Autofahren

Das Autofahren sollte in Bozen eher die **Ausnahme** darstellen. Denn allzu viel Freude wird man auf den belebten und häufig verstopften Straßen nicht haben. Generell darf man sich – wie auch in ganz Italien – von lästigen Dränglern im Rückspiegel oder von hupenden Vespa-Fahrern **auf keinen Fall aus der Ruhe bringen lassen.** Konzentriertes Fahren ist oberstes Gebot.

Idealerweise parkt man sein Fahrzeug zügig auf dem **Parkplatz der eigenen Unterkunft** oder auf einem **bewachten Parkplatz** in der Stadt und erkundet Bozen danach zu Fuß oder aber mit den öffentlichen Verkehrsmitteln.

Seit einigen Jahren wird die **verkehrsbeschränkte Zone im Zentrum Bozens** mithilfe eines **Videokontrollsystems** überwacht. Man sollte unbedingt darauf achten, die verbotenen Zonen nicht zu durchzufahren, um saftige **Bußgelder** zu vermeiden.

In Bozen existiert außerdem ein **Parkleitsystem,** das in den meistfrequentierten Zonen und an den Einfahrtsstraßen der Stadt angebracht ist und die jeweils verfügbaren Parkplätze anzeigt.

Eine **Liste von Parkhäusern** in Bozen findet man auf der folgenden Internetseite:

› www.bolzano-bozen.it/images/pdf/Parcheggi_Parken_Parking_2022.pdf

Einkaufen

Wer durch die **Lauben** 5 oder über den Bozner **Obstmarkt** 4 flaniert, merkt schnell, dass er sich in einer alten Handelsstadt befindet. Tatsächlich wurde in Bozen seit jeher Handel getrieben. Das Schöne an der **Einkaufsstadt** ist die Tatsache, dass sich hier sowohl traditionelles Handwerk als auch angesagte Modetrends gleichberechtigt behaupten können.

Einkaufsviertel und Shoppingmeilen

Die Hauptschlagader des Handels bilden seit eh und je die **Lauben.** Hier reiht sich Schaufenster an Schaufenster; Modebegeisterte können sich in den Geschäften tagelang vergnügen.

Auch in der Verlängerung der Lauben, der **Museumstraße** [I A–B3], und in den Parallelgassen – insbesondere der **Silbergasse** [I B–C3] und der **Dr.-Josef-Streiter-Gasse** [I C3] – wie auch in den **Passagen und Durchgängen** herrscht ein reges Geschäftsleben.

Passagen und Einkaufszentren

4 [I B3] **Europa-Galerie.** Die renommierte Geschäftspassage verbindet die Museumstraße mit der Leonardo-Da-Vinci-Straße im Bereich der Freien Universität Bozen. Neben Modegeschäften gibt es auch eine Bar und ein Café (keine einheitlichen Öffnungszeiten).

5 [I bg] **Twenty,** Galileo-Galilei-Str. 20, Tel. 0471 533644, www.twenty.it, geöffnet: Mo.–Sa. 9–20, So. 10–20 Uhr (Shops), Restaurants bis 23 Uhr. Großes Shopping- und Unterhaltungszentrum mit 80 Geschäften, etlichen Restaurants und sechs Kinosälen im Südosten Bozens nahe der Autobahn. Zusätzlich sorgt der 500 m² große Kuni Kids Park für Kinder zwischen 3 und 11 Jahren für Unterhaltung.

Märkte

Täglich außer sonntags bietet der berühmte **Obstmarkt** 4 seine vitaminreichen Schätze feil. **Wochenmärkte**, die neben Obst, Gemüse und anderen Lebensmitteln auch Kleidung anbieten, gibt es unter anderem montags am Don-Bosco-Platz [I bg], dienstags in der Haslacher Straße [I cg] und samstags am Siegesplatz [I A3]. **Bauernmärkte** finden dienstags und freitags am Rathausplatz 6 statt.

Daneben gibt es noch etliche Märkte im Jahresverlauf: etwa im Frühling den **Bozner Blumenmarkt** (s. S. 9) auf dem Waltherplatz 1, am zweiten Sonntag im Oktober den **Herbstmarkt** in der Altstadt und im Dezember den **Christkindlmarkt** (s. S. 10).

Antiquitäten und Kunst

6 [I C3] **Südtiroler Werkstätten,** Lauben 39, Tel. 0471 978590, www.werkstaetten.it, geöffnet: Mo.–Fr. 9.30–18.30, Sa. 9.30–17.30 Uhr. Die Genossenschaft „Südtiroler Werkstätten" ist eine Vereinigung von Kunsthandwerkern, die ihre Produkte in dem Geschäft ausstellen und verkaufen können.

Bücher

7 [I C3] **Athesia Buch (1),** Lauben 41, Tel. 0471081100, www.athesiabuch.it, geöffnet: Mo.–Fr. 9–19, Sa. 9–18 Uhr. Der Platzhirsch unter den Südtiroler Buchhandlungen hat ein breites Angebot an Büchern mit Südtirol-Bezug.

Delikatessen und Süßes

8 [I B3] **Feinkost Egger,** Obstplatz 6, Tel. 0471 975535, www.feinkostegger.

Bunte, vitaminreiche Vielfalt auf dem Bozner Obstmarkt 4

it, geöffnet: Mo.-Fr. 8-19, Sa. 8-18 Uhr. In der Metzgerei kann man sich mit Südtiroler Speck, Kaminwurzen und anderen Spezialitäten eindecken. Trotz zentraler Lage keine Touristenpreise.

9 [I C3] **Indal Casa del Cioccolato,** Dr.-Josef-Streiter-Gasse 24, Tel. 0471 971331, www.cioccolateriaindal.it, geöffnet: Mo.-Sa. 9-19, So. 10-18 Uhr. Schokoladenherzen werden hier, im „Haus der Schokolade", höherschlagen und es gibt auch solche zu erwerben. Ein nettes Mitbringsel.

10 [I C3] **Pur Südtirol Bozen**, Mustergasse 3a, Tel. 0473 095651, www.pursuedtirol.com, geöffnet: Mo.-Fr. 9-18.30, Sa. 9-14 Uhr. Hier findet man kulinarische Schmankerln der Region. Das Unternehmen setzt auf kleine Manufakturen und Produkte direkt vom Bauern. Daneben gibt es ein großes Angebot an Südtiroler Weinen.

11 [I B3] **Tito Speckhof,** Mustergasse 18, Tel. 0471 974 197, www.titospeck.it, geöffnet: Mo.-Sa. 9-19, So. 10-18 Uhr. Hier gibt es nicht nur Speck in allen erdenklichen Variationen; auch Liebhaber von Käse, Wein und anderen Delikatessen kommen auf ihre Kosten.

Wein

12 [I cf] **Egger-Ramer,** Guntschnastr. 5, Tel. 0471 280541, geöffnet: Mo.-Fr. 8.30-12.30 und 14.30-18 Uhr, Sa. 10-13 Uhr. Sympathischer und ambitionierter Winzerbetrieb mit einer guten Weinauswahl - insbesondere die roten Lagrein-Weine können sich sehen bzw. schmecken lassen.

13 [I af] **Kellerei Bozen & Weinshop Vinarius,** Moritzinger Weg 36, Tel. 0471 270909, www.kellereibozen.com, geöffnet: Mo.-Sa. 9.30-18.30 Uhr. Große Weinauswahl der landwirtschaftlichen Genossenschaft. Im Ortsteil Moritzing entstand ein neuer Firmenhauptsitz auf einer Fläche von 20.000 m² in moderner Architektur. Es finden auch Kellereiführungen statt (Di. und Fr. um 15 Uhr nach Anmeldung, Sa. nach Vereinbarung).

034bm-se

035bm ©Kellerei Bozen

14 [I C1] **Malojer Gummerhof,** Weggensteinstr. 36, Tel. 0471 972885, www.malojer.it, geöffnet: Mo.–Mi. 8–13 und 14.30–22, Do., Fr. 8–13 und 14.30–23, Sa. 8–13 Uhr. Der Weinhof befindet sich etwas nördlich der Altstadt unweit der Deutschhauskirche St. Georg (8). Hier erhält man großartige Tropfen, unter anderem den bekannten Magdalener, alte Riserva-Flaschen sowie bemerkenswerte säurebetonte Weißweine. Im angeschlossenen Gastraum genehmigen sich auch die Einheimischen gerne mal ein Glaserl.

15 [I bf] **Vinothek Muri-Gries,** Grieser Platz 21, www.muri-gries.com, geöffnet: Mo.–Fr. 8–12 und 14–18 Uhr, www.muri-gries.com. Vinothek, in der man die Tropfen des Benediktinerklosters Muri-Gries (18) verköstigen und erwerben kann.

Mode und Schuhe

16 [I C3] **Coccinelle,** Kornplatz 11, Tel. 0471 3248810, www.coccinelle.com, geöffnet: Mo.–Sa. 10–18 Uhr. Auswahl stilvoller Taschen und Modeaccessoires.

17 [I C3] **Maximilian,** Lauben 16, Tel. 0471 983487, www.maximilian.it, geöffnet: Mo.–Fr. 10–18.30, Sa. 10–18 Uhr. Modegeschäft für Sie und Ihn mit bekannten Marken und guter Beratung.

18 [I B3] **Oberrauch Zitt,** Lauben 67, Tel. 0471 972121, www.oberrauch-zitt.com, geöffnet: Mo.–Fr. 10–19, Sa. 10–18, So. 11–18 Uhr. Alteingesessenes Bozner Modegeschäft, das spezialisiert ist auf Lodenbekleidung. Bereits 1846 gründete Anton Oberrauch unter den Bozner Lauben ein Geschäft für Tuch und Stoffe.

19 [I C3] **Rizzolli,** Lauben 60, Tel. 0471 973560, www.rizzolli.com, geöffnet: Mo.–Fr. 10–19, Sa. 10–18 Uhr. Die alteingesessene Manufaktur präsentiert in einem alten Lauben-Gewölbe modische Hutkreationen, zeitlose Schuhmode, Handtaschen und Accessoires.

20 [I C3] **Rubatscher,** Lauben 28, Tel. 0471 978460, moderubatscher.com, geöffnet: Mo.–Fr. 9.30–18.30, Sa. 9.30–18 Uhr. Große Auswahl an Dessous, Bademode, Strickkleidung und Strümpfen.

Die gekelterten Schätze der Kellerei Bozen (s. S. 57)

21 [I C3] **Sportler Flagship Store,** Lauben 1, Tel. 0471 974033, www.sportler.com, geöffnet: Mo.–Fr. 10–19, Sa. 9.30–18 Uhr. Die bekannte Sporthandelskette bietet auf zehn Etagen mit rund 400 Marken so gut wie alles, was das Sportlerherz begehrt.

Besonderes und Souvenirs

22 [I C3] **N. Lorenzi,** Bindergasse 28, Tel. 0471 974706, geöffnet: Mo.–Fr. 8.30–12.30 und 15–18 Uhr, Sa. 8.30–12.30 Uhr. „Scharf seit 1948" lautet das Motto dieses Fachgeschäfts und der Slogan bezieht sich keineswegs auf Chili-Gerichte. Der Feinschleifer bietet stattdessen Messer, Scheren und Küchenzubehör in bester handwerklicher Ausführung.

Hervorhebenswerte Lokale

Allgemeine Informationen zum Thema „Essen und Trinken" in Südtirol: s. S. 120. Generell empfiehlt es sich bei den meisten Lokalen, rechtzeitig **telefonisch einen Tisch zu reservieren.**

Tiroler Küche

23 [I C2] **Batzen Häusl** €, Andreas-Hofer-Str. 30, Tel. 0471 050950, www.batzen.it, geöffnet: tägl. 10–1 Uhr. Das im uralten Gemäuer residierende Wirtshaus ist neben seinen deftigen Tiroler Speisen vor allem für sein Bier berühmt.

24 [I C2] **Weißes Rössl** €, Bindergasse 6, Tel. 0471 973267, www.weissesroessl.org, geöffnet: Mo.–Fr. 11–14.30 und 18–22.30, Sa. 11–15 Uhr. Das älteste, noch bestehende Wirtshaus Bozens hat sich seinen urigen Charme bewahrt, wird schon seit Jahrzehnten von derselben Familie geführt und offeriert deftige Südtiroler Schmankerln. Bei Touristen beliebt und daher oft recht voll.

25 [I B3] **Wirtshaus Vögele** €€, Goethestraße 3, Tel. 0471 973938, www.voegele.it, geöffnet: Mo.–Fr. 8–1, Sa. 8–16 Uhr. Das traditionsreiche Wirtshaus im Herzen der Altstadt bietet rustikale Schmankerln und raffinierte Kreationen.

Eine Südtiroler Marende ist eine Freude für den Gaumen (s. S. 120)

036bm ©IDM Südtirol/trickytine

Italienisch-tirolerische Küche

26 [I B3] **Anita** €-€€, Obstplatz 5, Tel. 0471 973760, geöffnet: Mo.–Fr. 11.30–14.30 und 18.30–21.30 Uhr, Sa. 11.30–14.30 Uhr. Gemütliches Gasthaus mit freundlicher Bedienung am Obstmarkt 4, das ausgesprochen feine Gerichte zu erschwinglichen Preisen zaubert.

27 [I C3] **Franziskanerstuben** €-€€, Franziskanergasse 7, Tel. 0471 976183, www.franziskanerstuben.com, geöffnet:

MEINE TIPPS

Lecker vegan und vegetarisch

Veganer haben es in Bozen nicht ganz so leicht wie in anderen europäischen Großstädten, denn rein vegane Restaurants sind in Südtirol noch Mangelware, es werden aber stetig mehr. **Vegetarier** brauchen sich keine Sorgen zu machen. Alle Speisekarten bieten mittlerweile ein breites Angebot fleischloser Gerichte.

28 [I C3] **Humus** €, Silbergasse 16 D, Tel. 0471 971961, Facebook: Humus BioBistroInBozen, geöffnet: Mo.–Sa. 8–15 Uhr. Sympathisches Bistro, das auf frische Bio-Zutaten setzt und saisonale Speisen anbietet.

29 [I cf] **Ristorante un Melograno** €-€€, Verona-Straße 6, Tel. 0471 266648, www.unmelograno.it, geöffnet: Mo.–Fr. 10–19, Sa. 10–14 Uhr. Vegane, makrobiotische Küche.

Ein Würstel zwischendurch

Würstelstände gehören zum Stadtbild Bozens. Man findet sie über die ganze Innenstadt verteilt. Eine beliebte Imbiss-Institution findet sich direkt am Obstmarkt 4:

30 [I B3] **Walther und Michi's Würstelstand,** Goethestr. 7, geöffnet: Mo.–Fr. 9–20, Sa. bis 18.30 Uhr

Lokale mit guter Aussicht

31 [I B3] **Arôme Café-Bistro Thaler** €€, Lauben 69, Tel. 0471 313030, www.thaler.bz.it (unter „Arôme"), geöffnet: Di.–Sa. 10–23 Uhr. Über die Lauben gelangt man hinauf in das stilvolle Bistro und findet sich über den Dächern Bozens wieder. Ideal für einen abendlichen Drink, auch feine mediterran-tirolerische Küche.

› **Café des Stadt Hotel Città** (s. S. 61). Von hier aus lässt sich das Treiben auf dem Waltherplatz 1 beobachten.

32 [I ch] **Restaurant Haselburg** €€€, Kuepachweg 48, Tel. 0471 402130, www.haselburg.it, geöffnet: Di.–Sa. 11.30–14 und 18.30–22 Uhr. Das erstklassige Restaurant befindet sich in der romantischen Halbruine Haselburg, von deren Terrasse man einen herrlichen Blick über das Bozner Becken genießt. Neben Vor- und Hauptspeisen mit Tiroler und mediterranen Einflüssen stehen exquisite Menüs auf der Speisekarte. Ein Restaurant für den besonderen Anlass!

Für den späten Hunger

Wem nach 22 Uhr noch der Magen knurrt, hat in Bozen keine allzu großen Auswahlmöglichkeiten. Die Fastfood-Lokale und Imbissbuden im Bereich von Bahnhof und Waltherplatz 1 schließen zwischen 22 und 23 Uhr. Eine gute Adresse für späte Esser ist das **Batzen Häusl** (s. S. 59), das bis ca. Mitternacht warme Küche offeriert.

Dinner for one

In Bozen muss niemand ein schlechtes Gewissen haben, allein zu speisen. Im **Batzen Häusl** (s. S. 59) gibt es neben kleinen Einzeltischen auch die Möglichkeit, sich an einen großen Tisch dazuzusetzen. Das **Weiße Rössl** (s. S. 59) verfügt über sehr viele Plätze, freie Tische werden auch gern an Einzelpersonen vergeben.

Mi.–Mo. 12–14.30 und 18.30–22 Uhr. Solides Restaurant mit gutem Preis-Leistungs-Verhältnis, das für jeden etwas Passendes bereithält: Vom Gulasch bis zur raffinierten Pastakreation reicht die Palette.

33 [I C2] **Nussbaumer** €€, Bindergasse 11, Tel. 0471 053366, www.vinum.it/nussbaumer, geöffnet: Mo.–Sa. 11–22 Uhr. Das zentral in der Altstadt gelegene Restaurant bietet einen seltsam anmutenden Mix aus Steaks, Pizzen und Südtiroler Weinen, der vom einheimischen wie touristischen Publikum gut angenommen wird. Auch Salatliebhaber werden fündig.

Italienische Küche

34 [I A3] **Bar Osteria Da Picchio** €, Quireiner Str. 11, Tel. 0471 288149, Facebook-Seite, geöffnet: Mo.–Fr. 7–14.30 und 17–1 Uhr. Nette, kleine italienische Bar, in der man auch sehr gut essen kann.

35 [I D2] **Pizzeria Amadé** €, Batzenhäuslgasse 8, Tel. 0471 300105, geöffnet: Mo.–Fr. 12–14 und 18.30–22.30, Sa., So. 18.30–22.30 Uhr. Die Pizzeria findet sich etwas versteckt zwischen dem Batzen Häusl und der Kirche Sankt Johann im Dorf 9. Gutes Preis-Leistungs-Verhältnis und günstiger Mittagstisch. Es gibt einen lauschigen, kleinen Gastgarten.

36 [I A4] **Pizzeria La Veneziana** €, Venediger Str. 59, Tel. 0471 266091, www.pizzeriaveneziana.it, geöffnet: Mo.–Sa. 18.30–23.30 Uhr. Angenehme, typisch italienische Pizzeria im „italienischen Bozen" jenseits der Talfer.

Internationale Küche

37 [I C4] **Bamboo** €€, Eisackstr. 3, Tel. 0471 050358, www.bamboorestaurant.it, geöffnet: Mo.–Sa. 10.30–14.30 und 18–23 Uhr. Beliebtes Sushi-Lokal mit Lieferservice.

Cafés und Eisdielen

38 [I C3] **Café des Stadt Hotel Città,** Waltherplatz 21, Tel. 0471 975221, www.hotel-citta.com, geöffnet: tägl. 7.30–23 Uhr. Tagsüber fungiert das im Erdgeschoss des Hotels ansässige Lokal im Herzen der Stadt als stilvolles Café, am Abend verwandelt es sich in eine Bar. Jeden Tag stehen mehr als 70 Zeitungen in zehn Sprachen zur Verfügung.

39 [I B3] **Cafè Konditorei Peter,** Obstplatz 20, Tel. 0471 978086, www.facebook.com/pasticceriapeterkonditorei, geöffnet: Mo.–Sa. 9–18.30 Uhr. Freundliche Konditorei mit leckeren Kuchen und Torten sowie gutem Cappuccino.

40 [I bf] **Eisdiele Avalon,** Freiheitsstr. 44, Tel. 0471 260434, www.facebook.com/avalon.eu, geöffnet: tägl. 14–22 Uhr (saisonal kürzer, im Winter geschlossen). Schon der Name deutet auf Fantastisches hin. Manche Schleckermäuler sind der Meinung, dass es hier das beste Eis Italiens gibt. Neben den klassischen gibt es auch ausgefallene Sorten. Der Kreativität des Eiszauberers Paolo Coletto sind keine Grenzen gesetzt.

Informationsstellen

Infostellen in der Stadt

41 [I C4] **Touristeninformation Bozen,** Südtiroler Str. 60, Tel. +39 0471 307000, www.bolzano-bozen.it/de/kontakte.htm, geöffnet: Mo.–Fr. 9–12.30 und 14–17 Uhr. Die Touristeninformation, offiziell **„Verkehrsamt"**, befindet sich leider nicht in der Altstadt, sondern in einer eher unattraktiven Ecke Bozens unweit des Bahnhofs. Dafür entschädigt sie mit einem breiten Angebot an Informationsmaterial zu Sehenswürdigkeiten, Kulturevents und Freizeitgestaltung. Auch Infos zu Südtiroler Zielen außerhalb Bozens.

42 [I C3] **Infopoint Kornplatz,** Kornplatz 11, geöffnet: Mo.–Sa. 10–18 Uhr

Bozen im Internet

Der offizielle Internetauftritt Bozens **www.bolzano-bozen.it/de** bietet umfangreiche Informationen zu den Themenfeldern Kultur, Genuss, Erlebnis, Events und Shopping. Unter „Events" findet sich ein aktueller und ausführlicher Veranstaltungskalender.

Kunst und Museen

Bozen ist spätestens seit der Einweihung des Südtiroler Archäologiemuseums 11 und der Fertigstellung des futuristischen **Museions** 12 zu einer **norditalienischen Museumshochburg** aufgestiegen. Auch das Naturmuseum 7 und das Messner Mountain Museum 22 sind absolute Highlights, die man sich nicht entgehen lassen sollte. Daneben gibt es noch etliche kleine, aber feine Museen und Galerien.

Museen

- **43** [I bh] **Cinè Museum,** Johann-Kravogl-Str. 8, Tel. 3429665000, www.cinemuseum.eu, geöffnet: Di., Mi., Fr., Sa. 9.30–12 und 15–18 Uhr, Eintritt: 5 €, erm. 3 €. Eintauchen in die Geschichte der Lichtspiele: Zu sehen sind Laterna magica (Zauberlaternen), alte Kameras, Ausschnitte aus früheren Filmen, Plakate und vieles mehr.
- › **Dauerausstellung „BZ '18–'45: ein Denkmal, eine Stadt, zwei Diktaturen" im Siegesdenkmal** 13. Die Ausstellung informiert detailliert und fundiert über die Italianisierungspolitik Bozens während der faschistischen Herrschaft und über die nationalsozialistische Besetzung (s. S. 43).
- › **Domschatzkammer im Dom Maria Himmelfahrt** 2. In der Schatzkammer der Pfarrkirche werden sakrale Kleinode aus unterschiedlichen Jahrhunderten präsentiert (s. S. 29).
- **44** [I C3] **Merkantilmuseum,** Lauben 39, Tel. 0471 945702, www.handelskammer.bz.it/de/dienstleistungen/merkantilmuseum, geöffnet: Mo.–Mi., Fr., Sa. 10–12.30, Do. 10–13 und 14–16 Uhr, Eintritt: 7 €, erm. 4 €, Familien 14 €. Im Merkantilgebäude aus dem Jahr 1635 kann man neben Exponaten aus der Geschichte der Handelsstadt auch den prunkvollen Ehrensaal, den Gerichtssaal und den mittelalterlichen Keller besichtigen.
- 22 [I ah] **Messner Mountain Museum Firmian.** Auf Schloss Sigmundskron befindet sich das Herzstück der insgesamt sechs Alpenmuseen des Bergsteigers Reinhold Messner (s. S. 54).
- 12 [I A4] **Museion.** Das futuristische Gebäude an den Talferwiesen ist ein international bedeutender Hotspot für zeitgenössische Kunst (s. S. 40).
- 7 [I C2] **Naturmuseum Tirol.** Interaktiver Streifzug durch die biologische und geologische Entstehungsgeschichte der Landschaft Südtirols (s. S. 34).
- 19 **Schloss Runkelstein.** Die Bilderburg vor den Toren Bozens bietet einzigartige Einblicke in die Welt des Mittelalters (s. S. 49).
- **45** [I df] **Schulmuseum,** Rentscher Str. 51 b, Tel. 0471 095474, www.gemeinde.bozen.it/schulmuseum, geöffnet: Sa., So. 15–18 Uhr oder nach Voranmeldung ab sechs Personen, im Juli/Aug. nur nach Voranmeldung, Eintritt frei. Das Südtiroler Schulleben in den unterschiedlichen Epochen wird anhand von Fotos, Dokumenten und Möbeln dargestellt.
- **46** [I A3] **Stadtmuseum,** Sparkassenstr. 14, Tel. 0471 997960, www.gemeinde.bozen.it/stadtmuseum, geöffnet: Di.–So. 10–18 Uhr, Eintritt frei. Die Sammlung umfasst etwa 15.000 Objekte, wovon derzeit etwa 200 Werke gezeigt werden, darunter Stuckarbeiten, Freskomalereien,

037bm-se

Schnitzwerke, Altäre, Ölgemälde, Goldschmiedearbeiten, Öfen, Trachten und Grafiken. Herzstück des Museums ist der wuchtige Turm, der einen schönen Rundblick offeriert.

11 [I B3] **Südtiroler Archäologiemuseum.** Ein Besuch bei Ötzi ist für Bozen-Besucher ein absolutes Muss (s. S. 39).

Kunstgalerien

47 [I B3] **ar/ge kunst,** Museumstr. 29, Tel. 0471 971601, www.argekunst.it, geöffnet: Di.–Fr. 10–13 und 15–19, Sa. 10–13 Uhr. Galerie für zeitgenössische Kunst, Architektur, Design und Film mit teilweise hochkarätigen Ausstellungen und Events internationaler Künstler.

48 [I C3] **Kunstgalerie Morandell,** Dr.-Josef-Streiter-Gasse 39 b, Tel. 0471 974757, www.morandell.it, geöffnet: Mo.–Fr. 9–12 und 15–18 Uhr. Kleine Kunstgalerie in der Altstadt.

49 [I ce] **Stiftung Antonio Dalle Nogare,** Rafensteiner Weg 19, Tel. 0471 971626, https://fondazioneantoniodallenogare.com, geöffnet: Sa. 9.30–19.30 Uhr. Zeitgenössische Kunst in spannender Architektur nahe der Talstation der Seilbahn Jenesien.

Ein Erlebnis für Kinder: Familienausflug von Bozen auf den Ritten 20

Mit Kindern in Bozen

Bozen ist für Familien mit Kindern ein lohnenswertes Reiseziel. Die Stadt ist überschaubar und man ist in Windeseile draußen in der Natur, wo sich der Nachwuchs meist besonders wohlfühlt. Hervorragend herumtollen lässt es sich beispielsweise im Naherholungsbereich der **Talferwiesen** (**Wassermauerpromenade** 14). Auch die abwechslungsreiche **Oswaldpromenade** 16 kommt aufgrund ihrer relativ geringen Steigungen in Frage. Bei jungen Abenteurern sorgen ferner die mittelalterlichen Burgen wie **Schloss Runkelstein** 19 oder **Schloss Sigmundskron** 22 für Begeisterung.

Große Faszination auf Jung und Alt übt natürlich **Ötzi** (s. S. 38), die Mumie aus dem Eis, aus. Das **Südtiroler Archäologiemuseum** 11 hat sich gut auf die Bedürfnisse junger Gäste eingestellt und organisiert regelmäßig Veranstaltungen für Kinder und Familien. Zudem gibt es die für Kinder von 6 bis 10 Jahren konzipierte App „Mission Ötzi" (s. S. 124). Auch das **Naturmuseum Südtirol** 7 und sogar das zeitgenössische **Museion** 12 sind auf junge Besucher eingestellt.

Kletterbegeisterte Kinder werden fasziniert sein vom Salewa Cube (s. S. 65), **Pferdenarren** finden beispielsweise in Jenesien 23 kindgerechte Reitmöglichkeiten. Im Einkaufszentrum Twenty (s. S. 56) können sich die Kleinen im **Kuni Kids Park** die Zeit vertreiben.

Eine pädagogisch wertvolles Buch für Kinder gibt es auch: Mit „**Bozen oder die Abenteuer eines Ritters ohne Namen**" lässt sich die Stadt spielerisch erkunden.

MEIN TIPP

Zwei erfrischende Naturperlen: die Montiggler Seen

In der stickigen Hitze des Hochsommers kann es schon einmal vorkommen, dass man der Stadt auf der Suche nach einer erquickenden Badegelegenheit entfliehen möchte. Etwa **20 Autominuten südlich von Bozen** finden sich zwei idyllische Badeseen inmitten eines Waldbiotops auf dem Gebiet der **Gemeinde Eppan.** Den Duft der Kiefern und das kühle Nass der Montiggler Seen schätzen Urlauber wie Bozner gleichermaßen. Am **Westufer des Großen Montiggler Sees** findet man ein Restaurant, ein Schwimmbad und Badestege.

S51 Lido Montiggl, Montiggler Str. 55, Eppan, www.eppan.com/de/erleben/seen-natur/die-zwei-montiggler-seen, Eintritt: Tageskarte 8,50 €, erm. 4 €

Radfahren

Für Radfahrer ist die **bikemobil Card** (s. S. 129) empfehlenswert. In Bozen gibt es ein **Radwegenetz** auf über 45 Kilometern. Man kann entweder gemütlich an den Flüssen entlangradeln – etwa die **Talfer flussaufwärts** in Richtung **Schloss Runkelstein** 19 – oder größere Touren unternehmen. Wie wäre es beispielsweise mit einer Fahrradtour von Bozen bis nach Meran?

Etschtal-Radweg von Bozen nach Meran

Vom Bozner Stadtzentrum geht es auf **ausgeschilderten Fahrradwegen** zunächst in Richtung **Schloss Sigmundskron mit dem Messner Mountain Museum** 22. Dort verläuft der Radweg entlang der Etsch über den Ort **Burgstall** und weiter über **Sinich** nach Meran (einfache Wegstrecke: ca. 25 km).

Auf dem **Rückweg** fährt man von Meran zunächst nach Sinich und von dort durch das **Feuchtbiotop der Falschauer** und die **Wiesen von Niederlana** zum Bahnhof Burgstall und damit wieder auf den Etsch-Radweg.

Wer nicht die gesamte Strecke mit dem Drahtesel zurücklegen will, kann auf einem der Bahnhöfe an der Strecke, z. B. in Vilpian, in die **Bahn** steigen (Extraticket für das Fahrrad in ausgewiesenen Zügen).

Sport und Erholung

Baden

S50 [I cg] **Bozner Lido,** Triester Str. 21, Tel. 0471 911000, geöffnet: Ende Mai–Anf. Sept. tägl. 9.30–20 Uhr, Eintritt: Erw. 7,50 €, erm. 5,50 €. Das ausgedehnte Freibad am Ufer des Eisack südwestlich der Drususbrücke ist im Hochsommer eine beliebte Anlaufstelle der Bozner. Das Turmspringen genießt hier eine lange Tradition: Der Tiroler Klaus Dibiasi holte für Italien zwischen 1968 und 1976 insgesamt drei Goldmedaillen.

Wandern und Bergsteigen

Von der Bozner Altstadt ist man zu Fuß innerhalb kürzester Zeit inmitten der alpinen Naturlandschaft, weshalb die Stadt für Wanderer einen perfekten Ausgangspunkt darstellt. Genusswanderer wird es zur **Oswaldpromenade** ⑯, auf den **Ritten** ⑳ oder in Richtung **Schloss Runkelstein** ⑲ ziehen.

Wer noch höher hinaus will, kann beispielsweise das **Rittner Horn** (2.260 m) besteigen oder in **Jenesien** ㉓ zu den **„Stoanernen Mandln"** (2000 m) wandern. Diese und weitere Touren findet man auf www.almenrausch.at.

MEIN TIPP

Ideal für Kletterfreaks: der Salewa Cube

Der bekannte Bergsportausstatter Salewa mit Sitz in Bozen hat in seiner Heimatstadt ein Prestigeprojekt verwirklicht, das sich an Profis und Anfänger gleichermaßen richtet: den Salewa Cube, eine **gewaltige Kletterhalle.** Der monumentale Bau ist ein echter Hingucker. Mit einer Kletterfläche von rund 2000 m² und 180 unterschiedlichen Kletterrouten ist der Salewa Cube eine der größten Kletterhallen Italiens. Die Ausrüstung lässt sich vor Ort ausleihen.

S52 [I ah] **Salewa Cube,** Waltraud-Gebert-Deeg-Str. 4, Tel. 0471 1886867, www.salewa-cube.com, geöffnet: tägl. 9–23 Uhr

Wartet auf Wanderer: Bank bei Klobenstein am Ritten ⑳

038bm-se

Wintersport

Das von Bozen aus nächstgelegene **Skigebiet** ist das **Rittner Horn**, erreichbar über die Rittner Seilbahn, die Rittner Schmalspurbahn und Buslinie 166 ab Klobenstein/Parkplatz Kaiserau (s. Ritten 20). Mittels einer **Bergbahn** gelangt man auf das über 2000 Meter hoch gelegene, familienfreundliche Skigebiet mit 14 **Pistenkilometern**. Daneben gibt es eine **Naturrodelbahn** und **Langlaufloipen**.

- •53 **Bergbahnstation zum Rittner Horn,** Pemmern
- › **Infos und Fahrpläne:** www.ritten.com/de/sonnenplateau/highlight/rittner-horn.html

Wer ein größeres Skigebiet bevorzugt, ist auf der **Seiser Alm,** etwa eine halbe Autostunde nordöstlich von Bozen gelegen, richtig (www.seiseralm.it). Europas größte Hochalm ist natürlich auch während der Sommermonate ein lohnenswertes Ausflugsziel.

Stadttouren

Die **Touristeninformation Bozen** (s. S. 61) bietet vielfältige thematische Stadtführungen und Streifzüge in die Umgebung an; eine detaillierte Übersicht liefert die **Broschüre „Stadtführungen und geführte Ausflüge“.**

So findet beispielsweise von April bis Oktober jeden Samstag um 10.30 Uhr eine **Führung durch die Bozner Altstadt** statt, deren Schwerpunkt die Kunstschätze der Kirchen bilden. Weitere Altstadtführungen beziehen **Ötzi und das Südtiroler Archäologiemuseum** 11 oder einen Besuch der **Kirche Sankt Johann im Dorf** 9 mit ein, andere widmen sich den **Themen Wein und Kulinarik.** Eine für Familien geeignete Führung beschäftigt sich mit **Bozner Sagen.** Geführte Ausflüge bringen Besucher in die **Dolomiten** oder auf den **Ritten** 20. **Treffpunkt** ist in der Regel die Touristeninformation, Stadtführungen kosten ab 6 € pro Person.

- › **Infos:** www.bolzano-bozen.it/de/fuehrungen-bozen.htm
- › **Buchung:** unter Tel. 0471 307000

Unterhaltung

Das **Bozner Nachtleben** kann natürlich nicht mit dem Nachtleben europäischer Metropolen mithalten; auch im Vergleich zu Nordtirols Hauptstadt Innsbruck geht man in Südtirols Hauptstadt eher etwas früher ins Bett. Langweilen muss sich aber trotzdem niemand.

Die Hotspots des Nachtlebens sind kompakt und zentral gelegen. Am meisten rührt sich rund um den **Obstmarkt** 4 und in der **Goethestraße** [I B3]. Dort gibt es etliche Bierlokale und auf den Gassen kann es, vor allem an Wochenenden, recht zünftig zugehen. Auch im Bereich des **Dominikanerplatzes** [I B3] gibt es einige Pubs und Clubs.

Bars, Pubs und Clubs

- 54 [I B4] **Club Miró,** Dominikanerplatz 3 b, Tel. 3383422305, www.facebook.com/clubmiro.bz. Tanzclub mit ausgewählten Events.
- 55 [I C3] **Fischbänke,** Dr.-Josef-Streiter-Gasse 24, Tel. 015 27190217, geöffnet: Mo.–Sa. 11–24 Uhr. Hier treffen sich die Bozner gern auf einen Drink. Es herrscht eine lebendige und kommunikative Atmosphäre. Einstmals befand sich hier der Fischmarkt. Heute zieren die Fischbänke Schilder mit mehr oder weniger philosophischen Sprüchen.
- › **Grifonicino Bar im Hotel Greif** (s. S. 67), geöffnet: Mo.–Sa. 17–

1 Uhr. Hippe Cocktailbar nicht nur für Hotelgäste. Im Sommer lockt auf dem Dach die Rooftop Lounge Bar.

56 [I B3] **Nadamas,** Obstplatz 43/44, Tel. 0471 980684, www.nadamasristorante.it, geöffnet: Mo.–Sa. 10–1 Uhr. Bar und Restaurant kombiniert am belebten Obstmarkt **4**. Sehr beliebt bei Einheimischen und Touristen. Gute Snacks und Hauptspeisen.

57 [I B4] **Temple Bar,** Dominikanerplatz 20, Tel. 3347948760, www.templebarbolzano.it, geöffnet: Mo.–Do. 16–24, Fr. 16–1, Sa. 15–1, So. 15–24 Uhr. Authentisches Irish Pub mit allem, was dazu gehört: gute Laune, etliche Biersorten von der Insel und regelmäßige Livekonzerte.

Theater und Konzerte

› **Batzen Sudwerk im Batzen Häusl** (s. S. 59). In der Kulturwerkstatt im Keller des Batzen Häusl wird ein vielfältiges Kulturprogramm mit wöchentlichen Konzerten, Theater, Poetry-Slam, Kabarett und weiteren Veranstaltungen geboten.

58 [I C4] **Stadttheater und Konzerthaus Bozen,** Giuseppe-Verdi-Platz 40, Tel. 0471 053800, https://www.fondazioneteatro.bolzano.it. Das große, wuchtige Mehrzweckgebäude von 1999 dient als Bühne für Sprech-, Tanz- und Musiktheater und bietet Platz für ca. 800 Zuschauer.

Buchungsportale

Neben Buchungsportalen für **Hotels** (z. B. www.booking.com, www.hrs.de oder www.trivago.de) bzw. für **Hostels** (z. B. www.hostelworld.com) gibt es auch Anbieter, bei denen man **Privatunterkünfte** buchen kann. Portale wie www.airbnb.de oder www.wimdu.de vermitteln Wohnungen, Zimmer oder auch nur einen Schlafplatz auf einer Couch. Diese oft recht günstigen Übernachtungsmöglichkeiten sind nicht unumstritten, weil manchmal normale Wohnungen gewerblich missbraucht werden. Einige Städte greifen deshalb regulierend ein.

Unterkunft

Generell weist Bozen ein **gutes Angebot an Unterkünften** auf. Selbst in den beliebtesten Jahreszeiten Frühling, Spätsommer und Herbst stehen die Chancen im Vergleich zu Meran nicht schlecht, auch spontan noch ein passendes Quartier zu ergattern. Dennoch lohnt es sich, **rechtzeitig zu reservieren.** Eine **ausführliche Liste** vom Luxushotel bis zur einfachen Herberge (mit Suchmaske) liefert die Website der Touristeninformation:

› www.bolzano-bozen.it/de/unterkunft-bozen.htm

Die im Anschluss aufgeführten Unterkünfte befinden sich größtenteils **zentrumsnah,** teilweise aber auch über das Stadtgebiet verteilt. In der Regel besteht durch das gut ausgebaute Netz der öffentlichen Verkehrsmittel auch hier eine **gute Anbindung ans Zentrum.**

In ganz Südtirol existiert eine **Ortstaxe,** die pro Person zusätzlich zum Zimmerpreis entrichtet werden muss. Sie gilt ab 14 Jahren und beträgt pro Nacht je nach Hotelkategorie zwischen 1,50 und 2,50 €.

59 [I C3] **Hotel Feichter** €, Weintraubengasse 15, Tel. 0471 978768, www.hotelfeichter.it. **Einfach und familiär:** Freundliches, kleines Hotel im Herzen der Altstadt mit freundlichem Service und reichlichem Frühstücksbuffet.

60 [I C3] **Hotel Greif** €€–€€€, Waltherplatz, Tel. 0471 318000, www.greif.it. **Elegantes Designhotel:** In dem Haus aus dem

17. Jahrhundert ist jedes der 33 Zimmer bzw. Suiten von zeitgenössischen Künstlern individuell gestaltet worden. Besichtigung und Auswahl auf der Website möglich. Angeschlossen ist die Grifonicino Bar (s. S. 66).

61 [I D3] **Jugendherberge Bozen** €, Rittner Str. 23, Tel. 0471 300865, www.jugendherberge.bz/de/bozen/jugendherberge. **Nicht nur für Jugendliche:** Das moderne, saubere Hostel ist nur wenige Schritte vom Bozner Bahnhof entfernt. Es gibt neben Mehrbettzimmern auch Einzelzimmer. Das Bett muss selbst überzogen werden.

62 [I df] **Kandlerhof** €€, Untermagdalena 30, Tel. 0471 973033, www.kandlerhof.eu/20. **Urlaub im Weinberg:** Wohnen auf dem Weinbauernhof – im hübschen Weinort Sankt Magdalena 17 wohnt man über den Dächern Bozens und ist dennoch zu Fuß schnell in der Innenstadt. Buchbar ab drei Übernachtungen.

63 [I B4] **Kolpinghaus Bolzano** €, Adolph-Kolping-Str. 3, Tel. 0471 308400, www.kolpingbozen.it. **Zentral und günstig:** Besonderen Luxus darf man nicht erwarten, doch das Preis-Leistungs-Verhältnis ist in Ordnung und man übernachtet direkt im Stadtzentrum.

64 [I C3] **Parkhotel Laurin** €€€, Laurinstr. 4, Tel. 0471 311000, www.laurin.it. **Mondäner Charme:** Das Traditionshotel – nach dem sagenhaften Zwergenkönig Laurin benannt – hat sich sein Jugendstil-Ambiente bewahrt. Ein Drink in der Hotelbar ist auch für Nicht-Hotelgäste ein Erlebnis (oft Jazzkonzerte).

65 [I D3] **Parkhotel Mondschein** €€-€€€, Piavestr. 15, Tel. 0471 975642, www.parkhotelmondschein.com/de. **Grüne Oase im Zentrum:** In dem Traditionshotel mit sehr empfehlenswertem Restaurant hat man eine gepflegte Parkanlage auf der einen und den schnellen Zugang zu den Altstadtgassen auf der anderen Seite. Mit Fitness- und Wellnessoase.

66 **Pension Röllhof** €, Kampenn 27, Kohlern bei Bozen, Tel. 0347 4762389, www.roellhof.com. **Sommerfrische über Bozen:** Die kleine Pension in Kohlern 21 vermietet zwischen Mai und Oktober Zimmer und Ferienwohnungen. Wer Ruhe und Erholung sucht, ist hier richtig.

67 [I df] **Schwarze Katz** €, St. Magdalena 2, Tel. 0471 975417, www.schwarzekatz.it. **Günstiger Gasthof:** Einfache und erschwingliche Unterkunft im Weinort Sankt Magdalena. Mit angeschlossenem Restaurant.

Weitere Adressen

Apotheke

68 [I C3] **Apotheke Schwarzer Adler,** Lauben 46, Tel. 0471 976250, geöffnet: Mo.–Fr. 8.30–19, Sa. 9–18 Uhr. Die älteste Apotheke Bozens ist auch einen Besuch wert, wenn einen keine Erkältung oder ähnliches Ungemach plagt.

Krankenhaus

69 [I af] **Krankenhaus Bozen,** Lorenz-Böhler-Str. 5, Tel. 0471 908111, www.sabes.it/de/kh-bozen.asp. Das größte Krankenhaus Südtirols befindet sich am westlichen Stadtrand. Die Notaufnahme ist rund um die Uhr geöffnet (reguläre Öffnungszeit: 6–22 Uhr). Die Busse 10A, 10B und 8 halten vor dem Haupteingang.

Polizei

70 [I B4] **Landeskommando der Carabinieri Bozen,** Dantestr. 30, Tel. 0471 331

71 [I cf] **Staatspolizei Quästur Bozen,** Giovanni-Palatucci-Platz 1, Tel. 0471 947611

Post

72 [I B4] **Postamt Bozen-Zentrum,** Pfarrplatz 13, Tel. 0471 322260, geöffnet: Mo.–Fr. 8.20–19.05, Sa. 8.20–12.35 Uhr

MERAN

075bm-nw

Meran verstehen

Meran – ein Porträt

Die **zweitgrößte Stadt Südtirols** liegt in einem relativ breiten Talkessel des **Flusses Etsch**, an dem mehrere Täler zusammentreffen. Prägend für Meran ist allerdings weniger die Etsch, sondern vielmehr der rauschende **Gebirgsfluss Passer** – auf Italienisch **Passirio** –, an dem sich die berühmten **Promenaden** beiderseits des Flusses (s. Passerpromenade 24 und Gilfpromenade 28) und nördlich davon, an einen Hang geschmiegt, die mittelalterliche Altstadt erstrecken. Historisch wird die Gegend rund um Meran als **Burggrafenamt** bezeichnet.

Der wilde Gebirgsfluss Passer, links die Winterpromenade 24

Vorseite: Die malerische Passeirer Gasse [II E2] im Steinach-Viertel 30

Im Westen mündet der **Vinschgau** und im Norden das **Passeiertal** in den Talkessel ein. Die hohen Wände der **Texelgruppe** und der **Sarntaler Alpen** schützen das Talbecken nach Norden hin, während es sich gen Süden in Richtung Bozen weiter öffnet. Hier finden sich große Obstanbauflächen.

Die spezielle geografische Lage ist maßgeblich dafür verantwortlich, dass in und um Meran ein erstaunlich mildes **submediterranes Klima** herrscht. Während etwa an der Passerpromenade Zypressen und Blumen des Südens gedeihen, hat auf den Bergen oft noch der Winter die Oberhand. Das Raue und das Milde liegen in Meran nahe beieinander. Die Mischung aus alpiner Wildnis und gepflegter Gartenbaukultur tragen ebenso zum Reiz der Stadt bei wie der Kontrast aus mondänem Kurstadtleben und dörflichen Strukturen im Umland.

Auch architektonisch hat sich in der Stadt über die Jahrhunderte eine spannende Mischung unterschiedlicher Stile entwickelt: Da ist zum einen die **mittelalterliche Altstadt** mit ihren **Lauben** 33 und dem verwinkelten **Steinach-Viertel** 30, zum anderen das mondäne Meran der **Belle Époque,** das an jene Zeit erinnert, als das unbedeutende Provinzstädtchen zur angesagten Kurstadt aufstieg – mit all ihren verschnörkelten Prachtpalästen und Jugendstilvillen. Und dann sind da noch die alten **Südtiroler Bauernhöfe** an den Stadträndern und etliche **Burgen,** allen voran das geschichtsträchtige und herrlich gelegene **Schloss Tirol** 39. Alles in allem eine vielfältige Mischung auf relativ kleinem Raum! Von der **Pfarrkirche Sankt Nikolaus** 32, dem Wahrzeichen der Stadt, ist es nur ein Katzensprung bis zum **Tappeinerweg** 29 oder zur **Gilfpromenade** 28, wo man sich urplötzlich mitten in der Natur wiederfindet.

Überhaupt ist Meran eine ausgesprochen **grüne Stadt** – und obendrein eine sehr bunte: Garten- und Blumenliebhaber kommen aus dem Staunen nicht mehr heraus angesichts der Blütenpracht, die man nicht nur in den **Gärten von Schloss Trauttmansdorff** 36, dem Besuchermagnet schlechthin, vorfindet. Viel Grün und hübsche, kleine Burgen – sogenannte Ansitze – findet man zudem im östlich der Passer gelegenen **Stadtteil Obermais,** durch den auch der im Gedenken an die österreichische Kaiserin errichtete **Sissi-Weg** (s. S. 84) verläuft.

Prägend für das Antlitz der Stadt sind noch zwei weitere Institutionen: die in jüngerer Zeit errichtete **Therme** (s. S. 108) gegenüber der Passerpromenade und der **Pferderennplatz** (s. S. 111) im Süden, der Pferdeliebhaber aus ganz Mitteleuropa in die Kurstadt lockt.

041bm-nw

Blick in die Meraner Altstadt

KURZ & KNAPP

Meran in Zahlen

- **Gegründet:** 857 erstmals erwähnt, 1317 als Stadt beurkundet
- **Einwohner:** ca. 41.000 (Stand 2022)
- **Fläche:** 26,3 km²
- **Höhe ü. M.:** 263–1621 m, im Zentrum 325 m
- **Stadtbezirke:** Sinich, Untermais, Obermais, Gratsch, Labers

Geschichte

Frühzeit und Antike

Als *Castrum Majense* bestand schon in **römischer Zeit** eine Siedlung auf dem heutigen Stadtgebiet Merans, genauer gesagt im Bereich der Zenoburg [II F1]. Sie diente der Überwachung der **Handelswege.** Doch Handelswege bestanden schon Tausende Jahre früher, wie nicht zuletzt Ötzi (s. S. 38) bewiesen hat.

Viele Volksgruppen tummelten sich im Laufe der Jahrtausende in der Gegend: Kelten, Römer und germanische Stämme. Durch die geografische Lage entwickelte sich schon früh ein reger Durchzug der Völker – und damit verbunden stets ein gewisses Maß an Multikulturalität.

Vom Mittelalter bis zur Gegenwart

857: Meran wird als Mairania erstmals urkundlich erwähnt.

1100–1420: Unter den Grafen von Tirol erhält Meran das Stadtrecht (1317: Verleihung der Stadturkunde) und fungiert bis 1420 als Hauptstadt Tirols, ehe sie durch die Verlegung der Hauptstadt nach Innsbruck wieder an Bedeutung verliert. Schloss Tirol (39) dient als Herzstück der Grafschaft.

1409: Ein fürchterliches Hochwasser überflutet die Stadt und zerstört die alte Spitalkirche (27).

1470: Im Zentrum von Meran entsteht für Herzog Sigmund und seine Gattin die Landesfürstliche Burg (34).

1809: Am Küchelberg oberhalb Merans widersetzen sich während der Napoleonischen Kriege Tiroler Freiheitskämpfer den bayerisch-französischen Invasoren.

1870: Die österreichische Kaiserin Elisabeth (s. S. 84) besucht die Stadt zum ersten Mal und logiert im Schloss Trauttmansdorff (36). Dank des milden Klimas verbessert sich der gesundheitliche Zustand ihrer Tochter Marie Valerie deutlich. Der Siegeszug Merans als weltbekannter Kurort nimmt seinen Anfang.

1924: Die bis dahin eigenständigen Gemeinden Obermais, Untermais und Gratsch werden eingemeindet.

1918–1930: Wie ganz Südtirol wird auch Meran nach dem Ersten Weltkrieg von Italien besetzt. Ab 1922 forcieren die faschistischen Machthaber eine Politik der Italianisierung, die allerdings nicht dieselben Ausmaße wie in Bozen annimmt.

1939–1945: Meran fungiert im Zweiten Weltkrieg als Lazarettstadt. Mit der nationalsozialistischen Okkupation Südtirols 1943 beginnt die Vernichtung jüdischer Kultur und jüdischen Lebens in Meran (s. Exkurs auf S. 73).

1998: Das Frauenmuseum (35) wird eröffnet.

2001: Die Gärten von Schloss Trauttmansdorff öffnen ihre Tore und sind seither ein Magnet für Gartenliebhaber.

2005: Die Therme Meran (s. S. 108) wird eröffnet.

2017: Meran feiert sein 700-jähriges Stadtjubiläum.

2020–2022: Die Coronapandemie trifft sowohl Einwohner als auch den Tourismus teils hart. 2022 kehrt langsam wieder Normalität ein.

Adam und Eva – romanisches Steinrelief im Schloss Tirol (39)

043bm-se

Leben in Meran

In Meran, oder **Merano,** wie es auf Italienisch heißt, lässt es sich sehr gut leben. Dank Landwirtschaft – hauptsächlich Obst- und Weinbau – Gewerbe und insbesondere Tourismus steht die Region Burggrafenamt **wirtschaftlich** hervorragend da. Die sozialen Unterschiede sind noch weniger als in Bozen bemerkbar, die Kriminalitätsrate ist gering und das Verhältnis zwischen italienisch- und deutschsprachigen Tirolern ist entspannt. Besonders die junge Bevölkerung beherrscht beide Sprachen fließend, auch gemischte Ehen sind keine Seltenheit mehr. Im Gegensatz zu Bozen mit seiner italienischen Bevölkerungsmehrheit machen in Meran die beiden **Bevölkerungsgruppen** jeweils rund 50 Prozent aus, während

Blühendes jüdisches Leben um 1900 – eine Spurensuche

Während man sich an die mondäne Epoche Merans als habsburgische Kurstadt gerne verklärend erinnert, wird oft vergessen, dass die Zeit um 1900 eine Blüte jüdischer Kultur darstellte. Ab dem frühen 19. Jahrhundert siedelten sich jüdische Kaufleute, Hoteliers, Ärzte, Rechtsanwälte und andere Berufsgruppen in Meran an und bildeten um die Jahrhundertwende die bedeutendste jüdische Gemeinde Südtirols.

Im Jahr 1901 entstand in der Schillerstraße 14 die erste Synagoge – maßgeblich finanziert durch die Königswarter Stiftung, gegründet von der Frankfurter Familie Königswarter, die ihrem in Meran verstorbenen Sohn ein Andenken setzten wollte. Ihrer Unterstützung verdankt Meran auch die Errichtung des ersten jüdischen Friedhofs hinter der Spitalkirche zum Heiligen Geist 27. Er wurde 1908 in die Sankt-Josef-Straße hinter dem Bahnhof in Nachbarschaft zum städtischen Friedhof verlegt.

Die touristische Entwicklung der Kurstadt wurde wesentlich von jüdischen Bürgern mitgestaltet: Einen bedeutenden Beitrag leistete dabei der aus Mähren stammende Leopold Bermann. Er betrieb unter anderem das Hotel Bellaria (Huberstraße 13), in dem jüdische Gäste im Einklang mit ihren Religionsvorschriften logieren konnten. Weitere architektonische Zeugnisse sind die neoklassizistische Villa Balog (Huberstraße 2), wo der Arzt Ludwig Balog eine Kurpension leitete, sowie das Sanatorium Waldpark in Obermais (Schafferstraße 64).

Nach dem Ersten Weltkrieg stieg der jüdische Bevölkerungsanteil Merans zwischenzeitlich an, ehe ab 1939 die Vernichtung jüdischen Lebens begann. Ein etwas verstecktes Denkmal mit der Skulptur eines Mädchens erinnert im Innenhof des Hauses in der Otto-Huber-Straße 36 an die Sammelstelle der Deportation im Jahr 1943. Auf der Tafel wird an die von hier aus deportierten und ermordeten jüdischen Opfer erinnert. Die Namen der 50 ermordeten Meraner Holocaust-Opfer sind auf einem Stein im Innenhof der Synagoge verewigt. Auch am jüdischen Friedhof wird ihrer gedacht. Im Untergeschoss der Synagoge hat das Jüdische Museum (s. S. 106) seine Heimat gefunden, welches in Form von Fotos, Dokumenten und Ritualgegenständen über die jüdische Geschichte Merans Auskunft gibt. Heute existiert in der Stadt eine kleine jüdische Gemeinde, bestehend aus etwa 50 Mitgliedern.

› **Infos:** www.meranoebraica.it

das dörfliche Meraner Umland überwiegend deutschsprachig geprägt ist.

Die Stadt ist bürgerlich, aber keineswegs versnobt. Man prahlt nicht mit seinem Reichtum, sondern übt sich eher in **vornehmer Zurückhaltung.** Oligarchen und prahlerische Superreiche wird man eher in Sankt Moritz oder Kitzbühel finden als in Meran.

Für manch einheimischen Jugendlichen mag die **Kurstadt** – auch aufgrund ihrer Besucher im eher gesetzten Alter – irgendwann zu spießig werden. Dann ist es Zeit, um zum Studieren in die Fremde zu gehen: nach Innsbruck, Wien, Bologna oder zumindest nach Bozen.

Irgendwann zieht es die meisten Meraner aber wieder zurück in die Heimat. Oft bringen sie dann neue Ideen mit und sorgen dafür, dass keine verkrusteten Strukturen entstehen. Zwar ist man in Meran, wie in ganz Südtirol, tendenziell konservativ und katholisch, was jedoch keineswegs bedeutet, dass man hinterwäldlerisch ist. **Weltoffenheit** hat in Meran eine lange Tradition. Die Meraner haben ein ausgeprägtes Selbstbewusstsein, ohne dabei abgehoben zu sein. Einen wichtigen Beitrag steuern dabei traditionell die selbstbewussten Meraner Frauen bei. Sie sind oft die heimlichen Herrscherinnen in der Familie, haben sich altes Natur- und Kräuterwissen bewahrt, sind moderne Managerinnen, gewinnen Pferderennen oder engagieren sich in Vereinen. Sicher nicht zu Unrecht besitzt Meran deshalb das **einzige Frauenmuseum 35 Italiens.**

Im 19. Jahrhundert wie heute ist Meran eine Stadt, die gesund machen soll und diesem Anspruch auch häufig gerecht wird. Zum milden Klima und der guten Luft kommen die Therme (s. S. 108), das sportliche Freizeitangebot und die guten Lebensmittel der Region. Seit vielen Jahren setzt man auf ökologische Landwirtschaft und **Nachhaltigkeit.** Und dies kann man schmecken: Eingedenk des breiten Angebots hervorragender Restaurants (s. Auswahl ab S. 102) ist Meran eine absolute **Genusshochburg,** eine sinnliche und manchmal auch weinselige Stadt.

Meran ist etwas mondäner als Bozen und auch ein wenig monarchistischer: Schließlich hat Österreichs **Kaiserin Elisabeth** (s. S. 84) den Ort allein durch ihre Anwesenheit „vom Kuhdorf zur Kurstadt" verwandelt und auch heute noch begegnet man „Sissi" auf Schritt und Tritt. Das Meraner Umland konnte sich hingegen teilweise noch seinen dörflichen Charme bewahren.

Den Spuren der **Geschichte** begegnet man in Meran an jeder Ecke, auch Erinnerungen an die harte und entbehrungsreiche Vergangenheit Südtirols. Heute herrscht beim Flanieren auf der Promenade und durch die Altstadtgassen eine angenehme Leichtigkeit, ein fast **südländisches Flair** vor. 300 Sonnentage pro Jahr lassen nur selten Schwermut aufkommen. Fast könnte man von einem kleinen Paradies, einer Insel der Glückseligen sprechen – doch natürlich gibt es auch hier die üblichen Probleme: eines, das die Stadt von Jahr zu Jahr mehr plagt, ist der ausufernde **Autoverkehr,** der sich längst auch in die benachbarten Täler gefressen hat. Zum Glück merkt man davon im Meraner Zentrum aufgrund rigoroser Fahrverbote wenig. Insofern gilt: Das Auto stehen lassen und die Gegend **zu Fuß** erobern – flanieren, genießen und ohne Hektik zu sich selbst finden, so lautet die Devise.

044bm-se

☐ *Vom Pulverturm 29 aus genießt man eine herrliche Aussicht auf die Meraner Altstadt*

Meran entdecken

Kurztrip nach Meran

Meran ist zwar die zweitgrößte Stadt Südtirols, aber letztlich doch relativ klein, sodass die wichtigsten Sehenswürdigkeiten kompakt im Zentrum verteilt sind. Man kann die **Passerpromenade** 24 und die mittelalterliche **Altstadt** mit der **Pfarrkirche Sankt Nikolaus** 32 und den **Lauben** 33 ohne Probleme an einem **halben Tag** erkunden.

Am **Nachmittag** ist noch genug Zeit für einen Spaziergang auf dem **Tappeinerweg** 29 oder für einen Besuch der **Gärten von Schloss Trauttmansdorff** 36. Alternativ bietet sich ein Abstecher zum **Schloss Tirol** 39 an.

Wer einen **zweiten Tag** in der Stadt verbringt, kann sich noch intensiver den kulturellen Schätzen Merans widmen – beispielsweise im Rahmen eines Besuchs des sehenswerten **Palais Mamming Museums** 31 oder der **Landesfürstlichen Burg** 34 mit ihrem spätgotischen Interieur.

Das gibt es nur in Meran

› **Palmen mitten in den Alpen:** Das milde Meraner Klima sorgt zugleich für ein mediterranes Lebensgefühl.

› **Starke Frauen:** Meran besitzt das einzige Frauenmuseum 35 Italiens.

› **Florale Kunstwerke:** Insbesondere an den Promenaden (Passerpromenade und Winterpromenade 24 sowie Gilfpromenade 28) erschaffen Gärtner immer wieder neue fantasievolle Blumenfiguren, die Bewohner wie Gäste erfreuen.

› **Adam und Eva in Stein:** Die romanischen Portale von Schloss Tirol 39 sind faszinierende Zeugen des Tiroler Mittelalters (Foto: s. S. 72).

Anbieten würde sich ferner ein Ausflug ins **Meraner Umland:** etwa zur **Kirche Sankt Prokulus in Naturns** 41 mit ihrem einzigartigen Freskenschatz oder in das hoch über dem Etschtal gelegene Dorf **Hafling** 40.

Wer es **entspannter** angehen möchte: Wie wäre es mit einem Wellness-Besuch in der **Therme Meran** (s. S. 108)?

An zwei intensiven Meran-Tagen kann man sich auf jeden Fall viele Facetten der Kurstadt aneignen, ohne dabei in Hektik zu verfallen. Es bleibt genug Zeit für **Gaumenfreuden** in einem der vielen vorzüglichen Restaurants oder für einen abendlichen Drink in einer gemütlichen, kleinen Bar (s. Empfehlungen auf S. 102 und S. 112).

Stadtspaziergang

Der folgende Stadtspaziergang ist ca. 6 Kilometer lang und dauert ohne Museumsbesuche etwa zwei Stunden. Start und Ziel ist der **Bahnhof Meran** [II A1]. Wer möchte, kann aber auch erst am Kurhaus 25 oder an der Postbrücke [II D2] starten und den Weg nach Belieben vorzeitig – etwa am Kornplatz [II C1] – abbrechen.

Vom **Bahnhofsvorplatz** geht es zunächst in südlicher Richtung über den Mazziniplatz [II A2] und weiter über die Rätiastraße bis zum **Fluss Passer.** Statt den Fluss zu überqueren, biegen wir zuvor links in die **Passerpromenade** 24. Nach etwa 500 Metern flussaufwärts kommt die Theaterbrücke mit der gegenüberliegenden **Therme Meran** (s. S. 108) in den Blick. Die belebte Promenade führt weiter am prachtvollen **Kurhaus** 25 vorbei bis zur **Postbrücke.** Von hier aus genießt man einen **wunderbaren Blick** auf das mittelalterliche Herz Merans mit der markanten Pfarrkirche Sankt Nikolaus 32.

Wir lassen die Altstadt aber zunächst links liegen und überqueren die hübsche, mit Blumen geschmückte Jugendstilbrücke. Am anderen Flussufer steht die sehenswerte gotische **Spitalkirche zum Heiligen Geist** 27 und in einem kleinen Park davor das Denkmal zu Ehren **Kaiserin Elisabeths** (s. S. 84), der wohl berühmtesten Meran-Touristin.

Vom Park aus führt die **Sommerpromenade** [II E2–3] weiter die Passer aufwärts durch eine schattige, alte Parklandschaft. Nach etwa einem halben Kilometer unterquert man den **Steinernen Steg** 28, die älteste Brücke Merans. Hier wird der Gebirgsfluss immer wilder und lauter. Von einer kleinen **Fußgängerbrücke,** die überquert wird, hat man eine **schöne Sicht** auf die tosende **Gilfschlucht.** Nun geht es durch herrlich grüne Vegetation wieder ein Stück flussabwärts bis zum Steinernen Steg mit dem nahe gelegenen Passeirer Tor, das allerdings nicht durchschritten wird.

Stattdessen flaniert man den schmalen **Krallinger Weg** bergauf bis zum links abzweigenden **Tappeinerweg** 29 und diesen etwa 100 Meter hinauf bis zum **Pulverturm,** von dem aus man eine **einmalige Aussicht** auf die Meraner Altstadt genießt. Der dortige **Kiosk** (s. S. 86) bietet sich für eine kleine Pause an.

Weiter geht es entlang des idyllischen Tappeinerwegs, vorbei an

Routenverlauf im Stadtplan

Der hier beschriebene Spaziergang ist mit einer farbigen Linie im Stadtplan eingezeichnet.

einem Kräutergarten und einem Gletscherschliff, bis zum **Tirolersteig** [II D1], der über etliche **Stufen** zum Domplatz, auch bekannt als Pfarrplatz, hinabführt. Sowohl die **Pfarrkirche Sankt Nikolaus** 32 als auch die direkt nebenan stehende **Sankt-Barbara-Kapelle** sollte man auf jeden Fall von innen besichtigen.

Es lohnt sich, noch eine kleine Ehrenrunde durch das pittoreske **Steinach-Viertel** 30 zu drehen: über das **Palais Mamming Museum** 31 mit seiner volkskundlich spannenden Ausstellung und die Passeirer Gasse zum **Passeirer Tor** und über die enge Hallergasse wieder zurück zum Domplatz.

Von hier aus geht es nun durch die **Lauben** 33 – das quirlige Herzstück Merans mit vielen Geschäften und den typischen Laubengängen – in Richtung Westen bis zum **Kornplatz.** Etwa auf halber Strecke zweigt rechts die Galileo-Galilei-Straße ab; hier steht, etwas versteckt, die **Landesfürstliche Burg** 34. Wer Zeit und Muße hat, kann gegenüber mit dem Sessellift hinauf zum Dorf Tirol 38 fahren. Durch einen kleinen Durchgang erreicht man wieder die Lauben mit dem **Meraner Rathaus.**

Am Kornplatz verlässt man die Altstadt und befindet sich in der **Meraner Neustadt,** die allerdings – anders als der Name vermuten lässt – auch schon im Mittelalter entstand. Wo einst ein Klarissenkloster stand, in der Meinhardstraße 2, logiert heute das **Frauenmuseum** 35.

Über die Meinhardstraße geht es schließlich gen Westen wieder zurück zum **Bahnhof,** vorbei am davor gelegenen **Andreas-Hofer-Denkmal** zu Ehren des Südtiroler Volkshelden (s. S. 105).

Merans älteste Passer-Brücke: der Steinerne Steg 28

045bm-se

Sehenswürdigkeiten im Zentrum

Die Meraner Altstadt ist sicherlich eine der hübschesten in Südtirol, zugleich ist sie relativ übersichtlich und man erreicht die wichtigsten Sehenswürdigkeiten bequem zu Fuß. Vom Bahnhof [II A1] ist man schnell an der Passerpromenade (24) *und kann entlang des Flusses bis zum Steinernen Steg* (28) *und der Gilfschlucht spazieren. Über das Passeirer Tor betritt man das Steinach-Viertel* (30)*. Für den Rückweg bietet sich der Weg über den Domplatz (mit der Pfarrkirche St. Nikolaus* (32)*) und die Lauben* (33) *an (s. vorgeschlagener Stadtspaziergang auf S. 76). Empfehlenswert ist ferner ein Abstecher zum Pulverturm und Tappeinerweg* (29)*.*

(24) Passerpromenade und Winterpromenade ★★★ [II D2]

Meran ist eng mit der Passer verbunden. Während der Gebirgsfluss in alten Zeiten teils mit Respekt und teils mit Furcht vor den vernichtenden Hochwasserfluten betrachtet wurde, bildet er heute den Rahmen für die beliebten Promenaden – von West nach Ost: die Passerpromenade, die Winterpromenade, die Sommerpromenade und schließlich die Gilfpromenade (28)*.*

Das Zentrum der beliebten Promenaden bildet die **Kurpromenade**, jener Abschnitt zwischen Theaterbrücke und Postbrücke. Hier kann man bereits seit dem Beginn des 19. Jahrhunderts prächtig flanieren. Das architektonische Glanzlicht ist ohne Zweifel das Meraner **Kurhaus** (25). Doch neben den steinernen Zeugen der Belle Époque gibt es hier auch Sehenswürdigkeiten, die sich im Wandel der Jahre und Jahreszeiten immer wieder verändern: Mit ihren **kunstvollen Pflanzenfiguren** sorgt die Meraner Stadtgärtnerei jedes Jahr für Verzückung bei Blumenliebhabern. Der Fantasie sind dabei keine Grenzen gesetzt. Die floralen Kunstwerke stellen Personen, Tiere, Fantasiewesen oder geschmückte Wappen dar.

Auch die im Jugendstil errichtete **Postbrücke** ist von Frühling bis Herbst floral geschmückt. Von dort genießt man einen schönen Blick in Richtung Altstadt bis zur Pfarrkirche Sankt Nikolaus (32) mit ihrem charakteristischen Kirchturm.

Auf der Altstadtseite geht die Passerpromenade in die **Winterpromenade** über. Ihren Namen verdankt sie der Tatsache, dass man hier

Blick von der Postbrücke [II D2] auf Passerpromenade und Kurhaus

040bm-se

auch in der kalten Jahreszeit mehr Sonne tanken kann als auf der gegenüberliegenden **Sommerpromenade,** deren alte Bäume an heißen Tagen angenehmen Schatten spenden. Selbstverständlich sind Sommer- wie Winterpromenade zu allen Jahreszeiten einen Spaziergang wert. Um das illustre Kurpublikum bereits im 19. Jahrhundert vor zu viel Sonne, Wind und Regen zu schützen, errichtete man 1889 die bis heute bestehende lauschige **Wandelhalle** mit Bänken und Landschaftsmalereien. An deren Ende lädt ein kleines **Café** (s. S. 104) zum Verweilen ein, ehe man sich beispielsweise weiter in Richtung **Steinerner Steg und Gilfpromenade** 28 aufmacht.

› Passeggiata Lungo Passirio (Passerpromenade)
› Passeggiata Inverno (Winterpromenade)

25 Kurhaus ★★★ [II D2]

Kein anderes Gebäude steht mehr für die Belle Époque Merans als das repräsentative Kurhaus an der Passerpromenade 24*, das in zwei Bauphasen vor und nach 1900 errichtet wurde – einer Zeit, in der die Kurstadt ihr goldenes Zeitalter erlebte und dieses Selbstbewusstsein auch architektonisch zur Schau stellte.*

Blickfang und eines der Wahrzeichen Merans ist der 1912 bis 1914 erbaute **Jugendstil-Trakt** mit seiner charakteristischen Kuppel und dem Giebelvorbau, dessen Dach von einer leichtfüßig-dynamischen **Skulptur tanzender Mädchen** bekrönt wird. Entworfen hat ihn das Duo **Friedrich Ohmann** und **Pietro Delugan,** das sich im Rahmen eines Architekturwettbewerbs gegen andere bedeutende Vertreter ihrer Zunft durchsetzen konnte. Besonders faszinieren der Blick in die lichtdurchflutete Kuppel und der gewaltige **Kursaal**, der über Tausend Menschen Platz bietet. Der aus dem galizischen Lemberg (damals Österreich-Ungarn) stammende Ohmann hatte sich kurz nach der Jahrhundertwende mit prestigeträchtigen Bauten in Wien einen Namen gemacht. Stärker mit Meran verwurzelt war Baumeister Delugan, der mit seinem Wirken das Meraner Stadtbild nachhaltig prägte: Neben etlichen Villen tragen das Hotel Savoy (Rätienstraße 1, heute Berufsschule für Gastgewerbe) und das mondäne Hotel Palace (Via Cavour 2, nahe der Spitalkirche 27) seine Handschrift.

Ursprünglich sollte das neue Kurhaus den links vom Vorbau gelegenen Vorgängerbau aus dem Jahr 1873 ersetzen, allerdings setzte der Ausbruch des Ersten Weltkriegs der Fertigstellung ein abruptes Ende, sodass auch dieser Trakt bis heute erhalten geblieben ist und trotz seiner klassizistisch-barocken Elemente durchaus mit dem neueren Trakt harmoniert. Er beherbergt den eleganten Spiegelsaal **Pavillon des Fleurs.**

Einstmals vergnügte sich das illustre Meraner Publikum im Rauchersalon, beim Glücksspiel oder bei glanzvollen Bällen. Auch heute dient das Kurhaus verschiedenen Zwecken. So finden dort neben Kongressen und Konzerten das jährliche **Merano Winefestival** (s. S. 12) oder die **Meraner Musikwochen** (s. S. 11) statt.

Das Kurhaus lässt sich **nur im Rahmen von Veranstaltungen und Stadtführungen** (s. S. 112) **besichtigen.** Im Kurhaus ist auch die **Kurverwaltung** (s. S. 104) untergebracht, die als Touristeninformation dient.

› **Kurhaus di Merano,** Freiheitsstr. 33, Tel. 0473 496000, www.kurhaus.it

26 Freiheitsstraße und Stadttheater ★ [II C2]

Die **Freiheitsstraße** verläuft zwischen Mazziniplatz und Romstraße. Der touristisch meistfrequentierte Bereich erstreckt sich zwischen Passerpromenade 24 und Lauben 33 und stellt im Gegensatz zu den mittelalterlichen Lauben den etwas moderneren Stadtkern Merans dar. **Geschäfte** und **Restaurants** prägen die Straße und sorgen hier für pulsierendes Leben.

Eines der größten und renommiertesten Gasthäuser Merans ist das Restaurant **Forsterbräu** (s. S. 102), erkennbar am großen Brauereiwappen mit den drei Bäumen an der Fassade von Haus Nr. 90. Hier kann man sich nicht nur durch die Bierspezialitäten der größten Südtiroler Brauerei probieren, sondern auch die vorzügliche Küche genießen.

An der Ecke zum Theaterplatz steht das prunkvolle **Stadttheater.** Es ist neben Kurhaus 25 und Postbrücke [II D2] das dritte bedeutende **Jugendstilbauwerk** Merans und wurde 1900 vom deutschen Architekten Martin Dülfer entworfen. Für die Ausführung zeigte sich der Meraner Baumeister Pietro Delugan verantwortlich, dessen Handschrift neben dem neueren Kurhaustrakt auch etliche Meraner Villen und Hotels tragen. Vergoldete Ornamente, Stuckaturen, zwei verzierte Fassadensäulen und ein Brunnen mit Gorgonenhaupt zwischen vier antiken Säulen zieren die Hauptfassade des Theaters.

Das Stadttheater Meran ist heute das **einzige historische Theater in Südtirol** und sorgt in stilvollem Ambiente für abendliche Unterhaltung. Während der Theater- und Musikveranstaltungen, Filmvorführungen und Lesungen finden in dem mit Samtsesseln ausgestatteten Saal 296 Personen Platz.

Den östlichen Abschluss der Freiheitsstraße bildet das Areal zwischen der Postbrücke und dem **Bozner Tor.** Durch das mittelalterliche, turmartige Portal aus dem 14. Jh. mit altem Wappenrelief gelangt man direkt zum Altstadtkern Merans mit den Lauben.

› Corso della Libertà
› **Teatro Puccini di Merano,** Theaterplatz 2, Tel. 0473 496000, www.kurhaus.it (Programm unter „Veranstaltungen Kulturelle Highlights"/„Veranstaltungen Stadttheater")

Im Rahmen der nächsten Hauptsehenswürdigkeiten bewegt man sich wieder etwas **stadtauswärts** – zunächst in südliche und danach in nordwestliche Richtung (Gilfpromenade 28 und Pulverturm 29), ehe man wieder in die Altstadt kommt. Wer diese sehenswerten Punkte auslassen und sich stattdessen lieber gleich der Altstadt zuwenden möchte, sollte beim Steinach-Viertel 30 oder bei den Lauben 33 fortfahren.

27 Spitalkirche zum Heiligen Geist ★ [II D3]

Das katholische Gotteshaus am südlichen Passerufer gegenüber der Meraner Altstadt erkennt man schon von außen an seinem Dachreiter und dem fehlenden Kirchturm. Im Kircheninneren präsentiert sich spätgotische Architektur in Perfektion.

Der Name Spitalkirche erinnert an das ehemalige, außerhalb der Altstadt gelegene **Krankenspital,** das bis 1905 existierte. Erbaut wurde die Kirche bereits 1271 und dem Heiligen Geist geweiht. Auftraggeber des Gotteshauses waren Meinrad II., seines Zeichens Graf von Tirol und Herzog von Kärnten, und dessen Gemahlin Elisabeth von Bayern.

1409 fiel sie einem fürchterlichen **Hochwasser** zum Opfer. Bis heute erinnern gewaltige Felsblöcke vor der Kirche an die einstige Zerstörungskraft des Gebirgsflusses Passer.

⊡ *Gotisches Gewölbe in der Spitalkirche zum Heiligen Geist*

048bm-se

Auch ein Fresko im Inneren hat das Ereignis zum Gegenstand. Gleichzeitig verdankt die Kirche der Naturkatastrophe ihr heutiges Erscheinungsbild. Als Neubau – quasi aus einem Guss – erhielt sie bis Ende des 15. Jahrhunderts ihr **spätgotisches Antlitz.** Der oder die Baumeister sind zwar nicht schriftlich überliefert, man kann jedoch von bayerischer Kunstfertigkeit ausgehen, da sich etliche Parallelen zur Landshuter Kirche Sankt Martin feststellen lassen.

Sobald sich die Augen an die etwas düsteren Lichtverhältnisse im Inneren der Hallenkirche gewöhnt haben, wandert der Blick fast automatisch an den neun eleganten Säulen hinauf zum harmonischen **Sternrippengewölbe.** Der zentrale Strebepfeiler im Chorbereich zeigt in seinem oberen Bogenfeld die Darstellung eines **Gnadenstuhls**, einer an und für sich gebräuchlichen Dreifaltigkeitsdarstellung, bei der der Gottvater seinen gekreuzigten Sohn stützt. In diesem Fall wird der Heilige Geist als stützende Person dargestellt und nicht wie üblich als Taube – eine einzigartige Besonderheit!

Den klassischen Typus des Gnadenstuhls findet man übrigens im Tympanon (bogenförmiges, mit Reliefs versehenes Feld) im gotischen Westportal. Eine weitere Besonderheit des Kirchenraums ist der Chorumgang mit seinen Seitenaltären. Auch die Ausstattung verdient Beachtung: etwa das **Kruzifix** an der Nordseite aus dem 13. Jahrhundert, das noch aus der ursprünglichen Kirche stammen dürfte, und ein Seitenaltar im Chorbereich, dessen zentrale Bildtafel die Entschlafung Mariens darstellt und kunsthistorisch den Übergang vom Mittelalter in die Renaissance anklingen lässt. Aus dem frühen 16. Jahrhundert stammt der **Mütteraltar** mit der Darstellung Marias, deren Mutter Anna und dem Jesusknaben. Ein neogotisches Kunstwerk zeigt das Pfingstwunder.

Seit Ende des 19. Jahrhunderts dient die Heilig-Geist-Kirche als Zentrum der italienischsprachigen Gemeinde Merans.

› **La chiesa di Santo Spirito,** Romstr. 1

28 Steinerner Steg und Gilfpromenade ★★ [II E2]

Ab dem **Sissi-Denkmal** [II D2] zwischen Postbrücke und Spitalkirche zum Heiligen Geist 27 taucht man auf der **Sommerpromenade,** die von hier südlich der Passer nach Westen führt, in eine herrliche Parklandschaft ein und gelangt schließlich zu Merans ältester Brücke.

Auf der Höhe des **Steinernen Stegs** verwandelt sich die **Passer** in einen **wildromantischen Gebirgsfluss.** Dieses Naturspektakel sollte man sich nicht entgehen lassen – insbesondere angesichts der Tatsache, dass man sich nur wenige Gehminuten vom Meraner Zentrum entfernt. Die ab hier als Verlängerung der Sommerpromenade beiderseits des Flusses verlaufende **Gilfpromenade** erschließt diesen Bereich.

Der Steinerne Steg aus dem Jahr 1616 ist die **älteste Brücke Merans.** Lange Zeit bildete er zusammen mit dem Passeirer Tor [II E2] einen wichtigen Zugang in die Stadt und war gleichzeitig ein verkehrstechnisches Nadelöhr. Mittlerweile dürfen ihn nur noch Fußgänger benutzen. Die zwischenzeitliche Umbenennung in Ponte Romano 1935 sollte auf einen angeblichen römischen Vorgängerbau verweisen, diente jedoch eher der Italianisierungspolitik der damaligen Epoche. Seine ganze Schönheit zeigt

049bm-se

die hohe, zweibögige Konstruktion vom unteren Flussufer aus.

Flussaufwärts verläuft die Gilfpromenade bis zu einer **Fußgängerbrücke** direkt vor der Klamm der **Gilfschlucht.** Zu verdanken hat Meran dieses tosende Naturschauspiel einem Bergsturz, der sich vor vielen Jahrtausenden im Naiftal ereignete und der die Passer dazu zwang, sich einen neuen Weg durch die Felslandschaft zu bahnen. Ein Hinweisschild verweist auch auf die Tatsache, dass sich an dieser Stelle die sogenannte Periadriatische Naht befindet, eine alpine Störungslinie, die in Urzeiten den afrikanischen und den eurasischen Kontinent voneinander trennte. Im Frühling ist es an der Gilfpromenade besonders schön: Dann verbindet sich das Rauschen der Passer mit den betörenden Düften der mannigfaltigen Pflanzenwelt.

Im Bereich des serpentinenartigen Brückenzugangs trifft man auf faszinierende **Naturkunstwerke,** wie man sie in Meran immer wieder findet, etwa auf einen grünen Atlas mit Weltkugel oder einen Adlerhorst. Die Bänke der Gilfpromenade dienen ebenfalls der Kunst im öffentlichen Raum und sind unter dem Motto **„Promenade der Poesie"** mit Versen verziert.

Oben auf dem Felshügel thront die **Zenoburg** [II F1], die einst den Eingang des Passeiertals bewachte. Im frühen Mittelalter befand sich hier eine dem heiligen Zeno geweihte Wallfahrtskapelle, in der sich u. a. der Freisinger Bischof Korbinian bestatten ließ, ehe seine Gebeine nach Freising überführt wurden. Die Burg verfiel über die Jahrhunderte, befindet sich heute in Privatbesitz und **kann nicht besichtigt werden.**

› Ponte di Pietra (Steinerner Weg)

› Passeggiata Gilf (Gilfpromenade)

Viel Kunst im öffentlichen Raum: begrünter Atlas an der Gilfpromenade

Auf den Spuren Kaiserin Elisabeths: der Sissi-Weg

Österreichs monarchistischer Superstar Elisabeth (1837–1898) – genannt Sisi oder Sissi, wie in Meran und in den berühmten Filmen – gehörte zu den prominentesten Gästen der Kurstadt. Beim österreichischen Adel und Großbürgertum genoss Meran während der kühleren Jahreszeiten, vor allem im Frühling und Spätherbst, großes Ansehen. Man flüchtete vor dem zähen Nebel der Millionenstadt Wien in die warmen Gefilde des Kaiserreichs. Im Fall der österreichischen Kaiserin fiel die Wahl auf Meran, weil sich die besorgte Mutter dort berechtigte Hilfe für ihre jüngste Tochter Marie Valerie versprach, die als Kleinkind an einer Lungenkrankheit litt und in Meran geheilt werden konnte. Das gesundheitsförderliche Meraner Klima war wohl nicht der einzige Grund, warum sich die österreichische Kaiserin auf die lange Reise ins südliche Tirol aufmachte.

Ein weiterer Grund war sicherlich, dass die widerspenstige Sissi der Kaiserstadt und dem ihr verhassten höfischen Zeremoniell in späteren Jahren so oft wie möglich zu entfliehen suchte. Womöglich erinnerte die Monarchin die bergige Landschaft und die Naturverbundenheit der Bevölkerung an ihre ehemalige bayerische Heimat – schließlich war auch die junge Elisabeth, ehe sie zur Gemahlin Franz Josephs erkoren wurde, eine sehr naturverbundene und lebensfrohe bayerische Prinzessin gewesen.

Insgesamt viermal verbrachte Sissi ihren Kuraufenthalt in Südtirol – zum ersten Mal im Jahre 1870 –, was Meran den werbeträchtigen Beinamen „Curorte von europäischem Rufe“ einbrachte. Bis heute ist man sich in Meran der positiven Nachwirkung der kaiserlichen Aufenthalte bewusst und hat der berühmtesten Besucherin einen Sissi-Weg gewidmet, der abwechslungsreich durch idyllisches und historisch interessantes Terrain führt.

Der Weg beginnt am Kurhaus 25 und führt die Passerpromenade 24 entlang über die Postbrücke zunächst zum Elisabeth-Park neben der Spitalkirche zum Heiligen Geist 27. Hier begegnet man der Monarchin in Form ei-

051bm-se

Im kleinen Elisabeth-Park nahe der Passer hat man der Kaiserin ein Denkmal [II D2] gesetzt

ner Marmorstatue des Künstlers Hermann Klotz aus dem Jahr 1903. Wieder zurück über die Brücke Richtung Altstadt erreicht man über die Winterpromenade mit der nostalgischen Jugendstil-Wandelhalle schließlich den Steinernen Steg 28, Merans älteste Brücke mit romantischem Blick auf die Zenoburg [II F1].

Beim Hotel Bavaria erinnern zwei Löwen nicht nur an Sissis bayerische Herkunft, sondern auch an deren Lieblingsbruder Karl Theodor. Als Augenarzt ermöglichte er mittellosen Patienten kostenlose Operationen und genoss deshalb in Meran hohes Ansehen. Der Sissi-Weg führt weiter über das in Privatbesitz befindliche Schloss Rottenstein, das der Kaiserin als Übernachtungsquartier diente, zum Brunnenplatz im Villenviertel Obermais und weiter zum Ansitz Reichenbach aus dem 14. Jahrhundert. Zwischen 1854 und 1902 lebte hier der berühmte Kurarzt Franz Tappeiner. Weitere Höhepunkte auf dem Weg sind das uralte Schloss Rubein aus dem 12. Jahrhundert und das in einem malerischen kleinen Park gelegene Schloss Pienzenau – beide befinden sich allerdings in Privatbesitz. Letzteres diente 1870 als Remise für den Wagenpark der Kaiserin und ihre 27 hochgeschätzten Pferde. Der Sissi-Weg endet schließlich würdig bei den herrlichen Gärten von Schloss Trauttmansdorff 36.

› **Infos:** Für den drei Kilometer langen Weg (einfache Strecke) sollte man ca. eine Stunde Zeit einplanen. In der Kurverwaltung (s. S. 104) gibt es einen kostenlosen Prospekt mit Beschreibung. Von Schloss Trauttmansdorff fährt Bus 4 oder 1B zurück ins Zentrum.

29 Pulverturm und Tappeinerweg ★★★ [II E2]

Ein echter Genuss-Spaziergang auf dem „Balkon Merans“: Vom mächtigen Pulverturm mit seiner Aussichtsplattform führt der Tappeinerweg oberhalb der Altstadt über hübsch angelegte Terrassen, die alle Sinne betören.

Der wehrhafte **Pulverturm** ist als Bergfried vermutlich das übrig gebliebene Relikt der ehemaligen Burg Ortenstein aus dem frühen 14. Jahrhundert. Mauerreste im Inneren deuten sogar darauf hin, dass an dieser markanten Stelle bereits die Römer einen Wachturm ihr Eigen nannten. Seinen heutigen Namen trägt der Turm seit dem 18. Jahrhundert, als man im Inneren Munition lagerte. Man kann die oberen Zinnen über eine Holztreppe jederzeit und ohne Eintritt besteigen, um von oben die **großartige Aussicht** auf Altstadt, Etschtal und den gegenüberliegenden Stadtteil Obermais zu erleben.

Neben dem Turm erinnert ein **Denkmal** an die Schlacht am Küchelberg, in der Tiroler Freiheitskämpfer 1809 die napoleonischen Truppen zwischenzeitlich zum Rückzug zwangen und neben Soldaten auch unschuldige Zivilisten ums Leben kamen. Das rechteckige Denkmal aus Metall stellt Waffen dar, die miteinander verschmelzen und die Unsinnigkeit des Krieges symbolisieren sollen.

Zum Glück ist von den unschönen Zeiten heute kaum mehr etwas zu spüren; im Gegenteil: Wenn man dem **Tappeinerweg** nach Westen folgt, wird es immer idyllischer. Ein weiteres **Denkmal** erinnert an den Namensgeber **Franz Tappeiner** (1816–1902), den berühmten österreichischen Arzt und Botaniker, der die sechs Kilometer lange Promenade auf eigene Kos-

050bm ©IDM Südtirol/Stefan Schütz

ten hatte anlegen lassen. Nach wenigen Minuten erreicht man bereits einen duftenden **Kräutergarten**, der sich unterhalb des Weges erstreckt und in dem 230 Heilkräuter wachsen. Unweit davon passiert man einen mächtigen Gletscherschliff.

Weiter geht es in östliche Richtung über die **Mittelmeerterrassen**, welche den Höhenweg in mehreren Ebenen mit der Landesfürstlichen Burg 34 verbinden. Ein Zugang zum Tappeinerweg besteht übrigens auch von der Rückseite der Pfarrkirche Sankt Nikolaus 32 aus.

Ein weiterer Höhepunkt ist der **Duftgarten.** Er liegt etwas oberhalb des Weges und bezaubert durch seine idyllische Lage inmitten exotischer Pflanzenwelt. Sogar alte Berglorbeerbäume findet man hier oben – man glaubt sich eher auf Capri als in den Alpen. Ein exponierter **Aussichtspunkt** auf einem Felsvorsprung ist das sogenannte **Belvedere.** Von hier ist es nicht mehr allzu weit bis nach **Gratsch**, wo der Tappeinerweg endet.

Romantische Promenade über den Dächern Merans: der Tappeinerweg 29

Ambitionierte Wanderer können als Zugabe den **Algunder Waalweg** in Angriff nehmen, einer der schönsten Waalwege Südtirols (s. S. 109). Müde Beine fährt der Bus 236 (Station Tappeiner Promenade) zurück ins Meraner Zentrum (Station Rennweg). Verhungern und verdursten muss auf der gesamten Strecke (ca. 1–2 Std.) auf jeden Fall niemand: Neben einer Reihe von Ausflugslokalen wie dem **Saxifraga** (s. S. 103) und einem **Kiosk** beim Pulverturm (s. unten) gibt es auch einige **Trinkwasserbrunnen.**

› Torre delle polveri (Pulverturm)
› Passeggiata Tappeiner (Tappeinerweg)

MEIN TIPP

Erfrischung am Turm

Neben dem **Pulverturm** 29 lädt ein **kleiner Kiosk**, das **Hexenhäusel Pulver(S)turm**, mit ein paar Tischen zum Verweilen ein. Neben Snacks wie guten Burgern und alkoholfreien Erfrischungen gibt es hier übrigens auch das Bier der oberfränkischen Brauerei Leikeim vom Fass. Empfehlung des Autors: das naturtrübe Kellerbier!

73 [II E2] **Chiosco Pulver(S)turm (Hexenhäusel)**, Tappeinerweg 3, geöffnet: Mi.–So. 11–18 Uhr

30 Steinach-Viertel ★★★ [II E2]

In unmittelbarer Nähe zum Steinernen Steg 28 mit der Statue des Brückenheiligen Nepomuk gelangt man durch das Passeirer Tor ins Steinach-Viertel, einen der ältesten und liebenswertesten Bereiche der Meraner Altstadt. Im Vergleich zu den quirligen und manchmal etwas überlaufenen Lauben 33 vermitteln die Gassen eine angenehme Ruhe. Es scheint fast so, als sei die Zeit stehen geblieben.

Das Steinach-Viertel geht auf das 12. Jahrhundert zurück und gilt somit als **ältester Teil** der Meraner Altstadt.

Aufgrund der wichtigen, von Norden über den Jaufenpass kommenden Handelsrouten hatte das **Passeirer Tor** bereits im frühen Mittelalter eine wichtige strategische Funktion, was die wehrhafte Struktur bis heute verdeutlicht. Neben dem Tor haben sich auch die Reste der alten Stadtbefestigung erhalten. Der Turm diente einst dem vom Tiroler Grafen eingesetzten Stadtverwalter (Burggraf) als Wohnsitz. Als der motorisierte Verkehr aus dem Passeiertal in der Nachkriegszeit immer mehr zunahm, stand das Tor als vermeintlich lästiges Nadelöhr kurz vor dem Abriss, konnte aber aufgrund der Verlegung der Hauptstraße als eines der drei verbliebenen Stadttore erhalten werden.

In unmittelbarer Nähe des Passeirer Tors hatte einst Merans Henker seinen Wohnsitz. Heute muss niemand mehr vor dem **Henkerhaus** erschaudern – im Gegenteil: Es beherbergt ein beliebtes Lokal (s. S. 104).

Durch einen alten Bogendurchgang gelangt man in die pittoreske **Passeirer Gasse**, die geradewegs Richtung **Palais Mamming Museum** 31 und Domplatz [II D2] führt. An den Wänden erkennt man noch die Relikte alter Handwerker-Beschriftungen. Neueren Datums (2008) ist ein großes **Street-Art-Gemälde**, das mehrere Meter einer Mauer einnimmt. Was zunächst wie eine illegale Schmiererei wirkt, entpuppt sich bei genauerem Hinsehen als raffinierte, ineinander verschachtelte Fantasiewelt aus Menschen, Fröschen und anderen Kreaturen.

Von der **Hallergasse**, der zweiten Hauptgasse des Viertels, zweigt die kleine Steinachgasse in Richtung Passer ab. Große Steinquader, die sogenannten Ritschen, überdecken den darunter gelegenen Bach Steinach, nach dem das Viertel benannt ist.

› **Rione Steinach**, Porta Passiria, Via Passeirer, Via Haller

31 Palais Mamming Museum ★★ [II D2]

Nur einen Steinwurf von der Pfarrkirche Sankt Nikolaus 32 entfernt, schmiegt sich das Barockpalais Mamming an den dahinter liegenden Felsen. Benannt ist es nach einem wohlhabenden Freiherrn aus dem 17. Jahrhundert. Die Sammlungen des Stadtmuseums Meran, die hier seit 2015 ausgestellt sind, zählen zu den musealen Highlights Südtirols. Volkskundlich und geschichtlich Interessierte werden auf ihre Kosten kommen: Der kunsthistorische Bogen spannt sich von der Jahrtausende zurückliegenden Vorzeit der Alpenregion bis in die Gegenwart.

Den Kernbereich des Museums bilden das erste und das zweite Stockwerk. Der erwähnte **Fels** wurde architektonisch in das kürzlich neu gestaltete Museum eingebunden. Ein bis zwei Stunden sollte man für den Museumsbesuch schon einplanen. Die Tour beginnt mit recht spektakulären archäologischen Fundstücken, die man nicht unbedingt erwarten würde: die **Algunder Menhire,** geheimnisumwitterte Hinkelsteine, die zwischen 1932 und 1942 unweit von Meran ausgegraben wurden. Bei zwei Exemplaren handelt es sich um Originale.

Die folgenden Räume widmen sich dem Mittelalter und der frühen Neuzeit. Ausgestellt sind unter anderem kunstvoll gearbeitete Zunftzeichen und **Meisterwerke religiöser Kunst.** Die in Südtirol seit jeher stark verehrten Heiligen wie etwa der **Schutzpatron Merans,** der **heilige Nikolaus,** nehmen dabei einen breiten Raum ein. Ausgestellt ist außerdem ein altes Votivbild mit der historischen Stadtansicht Merans, darüber auf Wolken schwebend die Muttergottes und die heilige Agathe. Auch der Themenbereich Tod, Bestattung und Friedhof wird nicht ausgeklammert.

052bm-se

Zu bewundern ist ferner die lebensgroße Figur eines stolzen Südtiroler Saltners. Er hatte die Aufgabe, die Obstwiesen und Weinberge vom Spätsommer bis zum Herbst gegen unliebsame Besucher zu schützen.

Der zweite Stock widmet sich dem **Tiroler Freiheitskampf** rund um den Volkshelden **Andreas Hofer** (s. S. 105) ebenso wie dem im 19. Jahrhundert aufblühenden Kurwesen und dem damit verbundenen touristischen Boom in Meran in der „guten alten Kaiserzeit". Die dunklen Jahrzehnte des Ersten Weltkriegs, Faschismus und Nationalsozialismus werden ebenso thematisiert wie der neue touristische Aufbruch nach dem Zweiten Weltkrieg.

Einige besonders bemerkenswerte und etwas skurrile Exponate befinden sich ebenfalls im zweiten Stock: allen voran eine **ägyptische Mumie** samt Sarkophag, die den Forschern lange Zeit Rätsel aufgab. Daneben sind eine seltene Maske von Napoleon und eine Schreibmaschine des Tiroler Schreibmaschinen-Erfinders Peter Mitterhofer zu bestaunen. Im **Festsaal** lohnt ein Blick zur Decke: Das Fresko von 1690 stellt den Raub der Proserpina dar.

Über das dritte Stockwerk mit **Panoramablick** auf die Altstadt gelangt man auch auf den Tappeinerweg (29).

› Pfarrplatz 6, Tel. 0473 270038, www.palaismamming.it, geöffnet: Ostern–Anf. Jan. Di.–Sa. 10.30–17, So. 10.30–13 Uhr, Eintritt: 6 €, erm. 5 €, Familien 10 €, für Besitzer des Südtirol Guest Pass (s. S. 129) frei

Darstellung eines Saltners im Palais Mamming Museum (31)

053bm-se

32 Pfarrkirche Sankt Nikolaus und Sankt-Barbara-Kapelle ★★★ [II D2]

Der markante Kirchturm von Sankt Nikolaus ist ein unverkennbares Wahrzeichen Merans. Mit ihrem wuchtigen, würdevollen Äußeren erinnert die Stadtpfarrkirche an einen Dom und wird auch gerne so bezeichnet, wenngleich es sich nicht um eine Bischofskirche handelt. Direkt nebenan steht die St.-Barbara-Kapelle, ein Kleinod gotischer Baukunst.

Aufgrund der Bedeutung Merans als frühere Hauptstadt Tirols entschied man sich im Hochmittelalter für einen umfangreichen Kirchenneubau, der sich in mehreren Bauphasen durch das 14. und 15. Jahrhundert hinzog. Noch länger ließ man sich mit der Fertigstellung des **Kirchturms** Zeit. Während der untere Teil wie das Kirchenschiff aus dem 14. Jahrhundert stammt, wurde das Turmviereck mit Uhr erst 1545, die krönende Haube gar erst 1618 aufgesetzt, womit die stolze Höhe von 78 Metern erreicht wurde.

Den **Durchgang unter dem Turm** ziert unter anderem ein **rätselhaftes Wandfresko** im gotischen Bogenfeld: Es zeigt zwei Männer in unberührter Waldlandschaft kniend vor einem Kreuz, einer der beiden mit roter Zipfelmütze. Es stammt angeblich von einem gewissen Meister Wenzeslaus und soll die Heiligen Felix von Valois und Johannes von Matha, die Gründer des Trinitarierordens, darstellen.

Kaum zu übersehen ist das riesige **Wandgemälde über dem Südportal.** Es stellt den **heiligen Christophorus** dar, der das Jesuskind auf seiner Schulter über das Wasser trägt. Dieses Motiv findet man in Tirol sehr häufig an den Außenwänden von Kirchen. Manche Volkskundler sehen darin Reminiszenzen an alte Riesenlegenden.

⌃ *Mehr Dom als Pfarrkirche: Sankt Nikolaus im Herzen der Altstadt*

Der **Innenraum** der dreischiffigen Hallenkirche wird von massiven Säulen getragen; das gotische Netzgewölbe wirkt wie aus einem Guss. Was die Ausstattung betrifft, so finden sich hier Kunstwerke aus den verschiedensten Epochen vom Spätmittelalter über den Barock bis zur Neuzeit.

Nur wenige Meter östlich der Nikolauskirche steht die in Form eines Achtecks errichtete **Sankt-Barbara-Kapelle.** Die ehemalige Friedhofskapelle ist ein Muss für Liebhaber gotischer Architektur. Der harmonische Raum strahlt Ruhe und Geborgenheit aus. Die in der christlichen Symbolik wichtige Zahl Acht findet sich auch beim Blick zur Decke. Das geometrisch angelegte Rippengewölbe bildet einen achtzackigen Stern, in dessen Zentrum sich der Schlussstein mit dem Bild der **heiligen Barbara** befindet, deutlich erkennbar an ihrem Attribut: dem Turm.

› **San Nicolò (Duomo di Merano), Capella Santa Barbara,** Pfarrplatz, www.stadtpfarre-meran.it, Tel. 0473 230174, Besichtigung: tägl. 10–17 Uhr (außer während der Gottesdienste), Eintritt frei in Kirche und Kapelle

33 Meraner Lauben ★★ [II D2]

Die Lauben bilden – ähnlich wie in Bozen – das mittelalterliche Rückgrat der Stadt und erstrecken sich vom **Pfarrplatz** vor der Kirche Sankt Nikolaus 32 bis zum **Kornplatz.** Mit 400 Metern Länge sind sie sogar noch länger als ihr Bozner Pendant 5. Von der Passerpromenade 24 beziehungsweise der Freiheitsstraße 26 aus erreicht man sie über das mittelalterliche **Bozner Tor** und die Leonardo-da-Vinci-Straße. Wie an einer Perlenschnur reiht sich unter ein Geschäft an das nächste. Neben **Modeboutiquen** gibt es auch einige Feinkostläden und natürlich jede Menge Restaurants und Cafés.

Historisch unterschied man in Meran zwischen den sogenannten **Wasserlauben** und den **Berglauben.** Erstere sind jene Gewölbegänge, die der Passer zugewandt sind, letztere tendieren Richtung **Küchelberg** – jenen Hang, der Meran vom Dorf Tirol 38 trennt und von der Altstadt aus mit einem Sessellift (s. S. 96) überwunden werden kann.

Etwa auf halber Strecke an der Kreuzung zur Galileo-Galilei-Straße steht das Meraner **Rathaus,** eines der wenigen Gebäude, das nicht aus dem Mittelalter stammt. Durch den Rathausdurchgang sind es nur wenige Schritte bis zur Landesfürstlichen Burg 34.

› Via Portici

34 Landesfürstliche Burg ★ [II D1]

So ganz hat man sich noch nicht geeinigt, ob das mittelalterliche Gemäuer mitten im Herzen Merans tatsächlich als Burg oder doch eher als Ansitz zu bezeichnen ist. Auf jeden Fall hat es die kleine Burg in sich. Denn ihre Innenausstattung ist wahrhaft spannend.

Erzherzog Sigmund von Österreich ließ die Räumlichkeiten für sich und seine Gattin Eleonore von Schottland 1470 ausstatten. Im 16. Jahrhundert erfolgte eine Umgestaltung, im 19. Jahrhundert war das Gemäuer sogar dem Untergang geweiht, ehe man sich aufgrund von Protesten und mithilfe des Tiroler Kunsthistorikers David von Schönherr zum Erhalt und zur aufwendigen Restaurierung des Kulturguts entschloss.

Den romantischen **Innenhof** mit Kassenhäuschen, an den sich Wachstube und ein Raum für wechselnde Sonderausstellungen anschließen, betritt man sportlich durch ein kleines Schlupfloch im Eingangstor. Von hier aus führt eine Treppe hinauf zum Wehrgang der **Loggia**, deren Wände ganz nach Geschmack und Hobby des Erzherzogs mit jagdlichen Fresken geschmückt sind.

Im **ersten Stockwerk** wurde im sechseckigen Turm die **Kapelle** angelegt, zu deren Ausstattung neben gotischen Prozessionsstangen eine Statue des heiligen Georg aus dem 15. Jahrhundert gehört. Gegenüber befindet sich die mittelalterliche Küche. Spätestens wenn man mit dem **Schlafzimmer** den intimsten Wohnraum des Herrscherpaares betritt, kann man das Spätmittelalter in Form der alten Holzböden und Wand- sowie Deckenvertäfelungen förmlich riechen. Das kunstvoll gearbeitete Bett steht im Zentrum, daneben ein alter Handtuchhalter in Form eines Kopfes mit Geweih. Die sogenannte **Kaiserstube** war der einzige beheizte Raum der Burg und beherbergt noch heute den original erhaltenen Kachelofen, einen der ältesten seiner Art in ganz Europa. Der Name des Raums erinnert ebenso wie ein zeitgenössisches Relief an den Aufenthalt Kaiser Maximilians I. im Jahre 1516.

Die Räume des **zweiten Stockwerks** mit **Spielzimmer** und **Schreibstube** wurden bei den erwähnten Restaurierungsarbeiten anhand von Originalplänen ergänzt. Neben Gegenständen des alltäglichen Lebens beherbergen die Räumlichkeiten auch alte Waffen, Wappen und Gemälde.

Für **Liebhaber des authentischen Mittelalters** ist der Besuch ein echter Geheimtipp – insbesondere angesichts der Tatsache, dass hier abseits der Lauben 33 in der Regel wenig touristisches Gedränge herrscht.

› **Castello Principesco,** Galileo-Galilei-Str., Tel. 0329 0186390, geöffnet: Ende März–6. Jan. Di.–Sa. 10.30–17, So., Feiertage 10.30–13 Uhr, Eintritt: 5 €, erm. 4 €, Jugendliche frei

35 Frauenmuseum ★ [II C1]

Keineswegs nur für das weibliche Geschlecht interessant: Mit dem Frauenmuseum nennt Meran eine in Italien einzigartige Institution ihr Eigen, die sich in den vergangenen Jahren auch durch viel beachtete Sonderausstellungen einen Namen gemacht hat.

Mittlerweile gibt es weltweit mehr als 60 Frauenmuseen, von denen sich viele neue das 1988 gegründete Meraner Frauenmuseum als Vorbild genommen haben.

054bm-se

› *Mittelalter-Fans kommen in der Landesfürstlichen Burg voll auf ihre Kosten*

Untergebracht ist das Museum seit 2011 an jenem Ort, an dem sich im Mittelalter mit dem **Klarissenkloster** ein Frauenkloster befand, das jedoch seit dem 18. Jahrhundert nicht mehr existiert.

Die Räumlichkeiten des Museums befinden sich in den obersten beiden Stockwerken. Das Haus stellt die Geschichte von Frauen im Laufe der letzten Jahrhunderte dar und legt dabei den Fokus auf **Rollenbilder, Frauenideale** und die **Moden** der jeweiligen Zeit. Es wird beispielsweise auf die Rolle der Frau in der Epoche des Biedermeier eingegangen ebenso wie auf den weiblichen Erfindungsgeist im 19. und 20. Jahrhundert und auf die Herausforderungen des weiblichen Geschlechts in der Gegenwart. So ist unter anderem der erste Geschirrspüler der Erfinderin Josephine Cochrane aus dem Jahr 1886 ausgestellt, der bei der Weltausstellung in Chicago 1893 den ersten Preis für die beste mechanische Konstruktion erhielt. Offiziell verliehen wurde der Preis an ihren Ehemann, da Frauen damals als Teilnehmer der Weltausstellung noch nicht zugelassen waren. Die Modetrends unterschiedlicher Epochen werden anhand originaler Exponate dargestellt.

Weibliche Vorbilder oder spezifisch weibliche Themen bilden den Rahmen für die regelmäßigen, aufwendig kuratierten **Sonderausstellungen.** Periodisch finden Veranstaltungen statt; zudem verfügt das Museum über eine fachspezifische **Bibliothek.** Im Museum werden auch **Führungen** angeboten.

› **Museo delle Donne,** Meinhardstr. 2, Tel. 0473 231216, www.museia.it, geöffnet: Mo.–Fr. 10–12.30 und 14–16.30, Sa. 10–12.30 Uhr, Eintritt: 7 €, erm. 5 €, mit Führung 8 €

Ziele rund um Meran

Mindestens ebenso reizvoll wie der Kurort selbst ist die nähere und weitere Umgebung Merans. Schloss Tirol 39 *sollte man sich auf keinen Fall entgehen lassen, ebenso wenig die bezaubernden Gärten von Schloss Trauttmansdorff* 36*. Etliche Ziele rund um das Stadtzentrum lassen sich bei guter Kondition zu Fuß erobern. Wer sich für mittelalterliche Freskenkunst begeistert, darf auf keinen Fall einen Ausflug zur Kirche Sankt Prokulus in Naturns* 41 *versäumen. Die Bilderwelt an den Wänden ist einzigartig in Südtirol.*

36 Gärten von Schloss Trauttmansdorff ★★★ [II cf]

Gartenliebhaber aus ganz Europa zieht es an den östlichen Stadtrand Merans. Das 12 Hektar große Areal am Hang des neogotischen Schlosses zählt zu den schönsten Gartenanlagen Italiens. Auch das Museum im Schloss kann sich sehen lassen.

Bereits seit dem Mittelalter stand auf dem Gelände eine Burg, die sich seit dem 16. Jahrhundert im Besitz des Adelsgeschlechts derer von Trauttmansdorff befand. Über die Jahrhunderte verfiel die Burg in einen Dornröschenschlaf, ehe sich Mitte des 19. Jahrhunderts der steirische Graf **Joseph von Trauttmansdorff** in das alte Gemäuer verliebte und es im neogotischen Stil neu errichten ließ. 1870 hatte das repräsentative Schloss mit seinen ausgedehnten Feldern und Obstgärten prominenten Besuch in Person der österreichischen **Kaiserin Elisabeth** (s. S. 84) und ihrer beiden Töchter Gisela und Marie Valerie. Besonders letzterer taten das Meraner Klima und die Idylle von Trauttmansdorff gesundheitlich so gut, dass der

055bm-se

Kurort in der Gunst der europäischen Oberschicht enorm an Ansehen gewann und auch die Kaiserin selbst dem Schloss 19 Jahre später einen zweiten Besuch abstattete.

Mit dem Ersten Weltkrieg und der Niederlage Österreichs ging die Präferenz von Meran in der feinen Gesellschaft Österreichs zu Ende. Italienische und deutsche Truppen nutzten das Schloss in den kommenden Jahrzehnten für ihre Zwecke, ehe es nach dem Zweiten Weltkrieg in einen neuerlichen Dornröschenschlaf versank. Erst 1990 kam die Wende: Das mittlerweile der Südtiroler Landesverwaltung zugesprochene Schloss fungiert seither als Heimstätte des neu geschaffenen **Südtiroler Landesmuseums für Tourismus** mit dem bezeichnenden Namen **Touriseum** (s. rechts).

Die umliegende Landschaft wurde zu einem **Botanischen Garten** umgestaltet, wobei sich die Landschaftsgärtner als wahre Gartenkünstler erwiesen: Bäume, Blumenterrassen und Wasserlandschaften wechseln

Mein Tipp

Tourismusgeschichte zum Anfassen: das Touriseum

Das kurzweilige Museum im **Schloss Trauttmansdorff** (36) sollte man trotz der verlockenden Freiluft-Attraktionen nicht links liegen lassen – nicht nur, weil es **im Eintrittspreis der Gärten inbegriffen** ist. Mittels moderner Multimediatechnik und interaktiver Mitmach-Exponate vermittelt das Touriseum einen alles andere als trockenen Einblick in die bunte **Geschichte des Südtirol-Tourismus** seit dem 19. Jahrhundert und zur Historie des Schlosses. Für Alt und Jung geeignet!

› **Infos:** www.touriseum.it, Tel. 0473 255655, Öffnungszeiten und Eintritt: s. Gärten von Schloss Trauttmansdorff

Hinter Schloss Trauttmansdorff erstrecken sich die Prachtgärten Merans

sich harmonisch ab. Verschlungene Wege führen vorbei an seltenen Koniferen und exotischen Pflanzen aus aller Welt, ohne dass dabei der alpin-mediterrane Charme verloren ginge.

Besonders reizvoll ist ein Besuch im **Frühling.** Ab April erwarten die Besucher auf dem Gelände rund 350.000 Frühlingsboten, insbesondere Tulpen in allen erdenklichen Farbschattierungen.

Da die Gärten am Hang angelegt sind, ist ein Höhenunterschied von 100 Metern zu überwinden. Für die Anstrengung entschädigen **zwei spektakuläre Aussichtsplattformen:** die am höchsten Punkt der Anlage befindliche Voliere, welche von Papageien bewohnt wird, und als besonderes Highlight der 2005 eröffnete „Gucker" des Architekten Matteo Thun – eine spektakuläre, zu 95 Prozent durchsichtige Aussichtsplattform.

Für einen entspannten Besuch der weitläufigen Anlage sollte man **mindestens zwei bis drei Stunden** einplanen, mit Museumsbesuch eine Stunde mehr. **Zu Fuß** sind die Gärten vom Meraner Zentrum über den **Sissi-Weg** (s. S. 84) in ca. einer Stunde erreichbar. Von April bis November finden auch verschiedene Konzerte und Thementage statt.

› **I Giardini di Castel Trauttmansdorff,** St.-Valentin-Str. 51 a, Anfahrt: Bus 4 oder 1B, Tel. 0473 255600, www.trauttmansdorff.it, geöffnet: April–15. Okt. tägl. 9–19 (letzter Einlass 17.30 Uhr), Juni–Aug. Fr. 9–23 (letzter Einlass 21.30 Uhr), 16.–31. Okt. tägl. 9–18 (letzter Einlass 16.30 Uhr), 1.–15. Nov. tägl. 9–17 (letzter Einlass 15.30 Uhr). Eintritt: 16 €, Kinder 6–18 Jahre 13 €, Familie 36 €, Familie mit 1 Erw. 20 €, vergünstigte Sommerabend-Tickets (ab 18 Uhr) und Spätherbst-Tickets (ab Nov.): 9 €. Hunde in der Anlage verboten.

37 Schenna ★

Schenna liegt etwa drei Kilometer nordöstlich von Meran und ist für Urlauber der Kurstadt ein **beliebtes Ausflugsziel**, das nicht nur bequem per Bus, sondern auch zu Fuß (Gehzeit: ca. 1 Std. 20 Min.) oder mit dem Fahrrad erreicht werden kann. Die Gemeinde zeichnet sich durch ein **warmes und sonniges Klima** aus und wurde vielleicht auch deshalb schon in römischer Zeit von Siedlern entdeckt.

Eine der beiden bedeutenden Sehenswürdigkeiten ist das **Schloss Schenna**, dessen Prunkräume im Rahmen von persönlichen Führungen des gräflichen Schlossherrn besichtigt werden können. Der wohl berühmteste Vorbesitzer war der habsburgische Erzherzog Johann, der das Schloss 1845 erwarb. Seine Sammlungen sind im Schloss zu bewundern und bestehen aus Gemälden, Waffen und einer privaten Andreas-Hofer-Sammlung.

Dem Erzherzog zu Ehren wurde auch die zweite wichtige Sehenswürdigkeit des Ortes errichtet: das ausgesprochen elegante, neogotische **Mausoleum** aus dem Jahre 1869 in unmittelbarer Nachbarschaft zum Schloss, in dessen Gruft der Erzherzog und seine Familie ihre letzte Ruhestätte fanden. Nicht links liegen lassen sollte man auch den Komplex rund um die Pfarrkirche mit einer uralten **romanischen Kapelle.**

› **Anfahrt:** von Meran mit Bus 231

★74 **Schloss Schenna (Castel Scena),** Schlossweg 14, Tel. www.schloss-schenna.com, Besichtigung Ende März–Ende Okt. mit Führung Di.–Fr. um 11.30 und 15 Uhr, Abendführung Mo. und Do. um 21 Uhr (zur Sicherheit vorher anrufen), Preis: 12 €. Das **Mausoleum** kann von Ende März bis Ende Okt. Di. und Do. um 9.30 Uhr besichtigt werden, Eintritt: 5 €.

38 Dorf Tirol ★★

Wenn man die Kurstadt Meran mit einer geräumigen Erdgeschosswohnung mit prächtigem Garten vergleicht, so stellt die Gemeinde Tirol das erste Stockwerk samt Sonnenbalkon dar.

Der **Hauptort** ist aufgrund seiner balkonartigen Lage oberhalb der Stadt und der gleichzeitigen Nähe zu Meran sehr touristisch geprägt; ein authentisches Südtiroler Dorf darf man nicht erwarten. Dennoch lohnt sich ein Ausflug – und dies nicht allein wegen Südtirols bedeutendster Burg, dem **Schloss Tirol** 39 mit seinem spannenden Landesmuseum.

Auch die zweite mittelalterliche Burganlage kann sich sehen lassen: Etwas unterhalb von Schloss Tirol entstand um 1250 an einem Hang die **Brunnenburg** (s. S. 106). Über die Jahrhunderte durchlebte sie eine bewegte Geschichte, bis schließlich der Zahn der Zeit an ihr nagte und sie zur Ruine verfiel. 1903 wurde sie von einem deutschen Industriellen im Stil des Historismus aufwendig restauriert bzw. zum Teil umgestaltet. Heute befindet sich in dem sagenumwobenen Gemäuer ein **Museum** mit teils skurrilen Exponaten, das sich der Geschichte des bäuerlichen Lebens verschrieben hat. Auch einige gefährdete Haustierrassen bewohnen das Brunnenburg-Areal: Zackelschafe, Villnösser Brillenschafe sowie seltene Hühner, Enten und Gänse.

Tierisch geht es auch im **Pflegezentrum für Vogelfauna** zu, das neben Schloss Tirol beheimatet ist. Hier werden Vögel gesund gepflegt, um sie wieder in die freie Wildbahn zu entlassen. Zudem finden **Greifvogel-Flugschauen** statt.

Im Ortszentrum von Dorf Tirol steht inmitten eines alten Friedhofs die Johannes dem Täufer geweihte **Pfarrkirche** mit bemerkenswerter gotischer Architektur, Freskenfragmenten und einem kunstvoll verzierten Taufstein aus weißem Laaser Marmor (um 1500).

Herrlich flanieren lässt es sich auf der neu gestalteten **Falknerpromenade**, von der aus man einen tollen Ausblick auf Meran und ins Etschtal genießt. Wer höher hinaus will, kann sich mit der **Hochmuth-Seilbahn** (s. S. 110) zu den Muthöfen auf über 1000 Metern befördern lassen.

★75 **Pflegezentrum für Vogelfauna**, Schlossweg 25, Dorf Tirol, www.gufyland.com, geöffnet: Ende März–Anf. Nov. 10.30–17 Uhr, Flugvorführungen 11.15 und 15.15 Uhr, Eintritt: 14 €, erm. 12 €, Kinder (4–13) 11 €

Anreise

Mit der **Buslinie 221** gelangt man vom Meraner Bahnhof [II A1] oder von der Haltestelle Rennweg im Stadtzentrum zum Dorf Tirol (Endhaltestelle). Wer eine gute Kondition mitbringt, kann das im Norden oberhalb von Meran gelegene Dorf **zu Fuß** erreichen. Hinter der Pfarrkirche Sankt Nikolaus 32 gelangt man über den Tirolersteig zum Tappeinerweg 29 und folgt diesem links bis zum Gasthaus Saxifraga (s. S. 103). Von dort führt ein Panoramaweg hinauf zum Segenbühelweg. Diesem folgt man linker Hand und erreicht so das Dorfzentrum (Gehzeit: ca. eine Stunde).

Alternativ bietet sich eine **Fahrt mit dem Sessellift** vom Altstadtzentrum an. Die Talstation befindet sich gegenüber der Landesfürstlichen Burg 34. Über Bäume und einen Weinberg hinweg geht es steil hinauf bis zur Bergstation am Hotel Panorama auf dem **Küchelberg**. Ins Dorfzentrum gelangt man von hier über den

Segenbühelweg in ca. 15 Minuten, zum Schloss Tirol (39) sind es weitere 15 Minuten zu Fuß.

- •76 [II D1] **Talstation Sessellift zum Dorf Tirol,** Galileo-Galilei-Str. 40–42, www.panoramalift.it (unter „Fahrplan"), geöffnet: April–Juni tägl. 9–18 Uhr, Juli–Mitte Sept. tägl. 9–19 Uhr, Mitte Sept.–Ende Okt. tägl. 9–18 Uhr, Fahrpreise: Einzelfahrt 6 €, Hin- und Rückfahrt 7,50 €, Kombiticket mit Hochmuth-Seilbahn (s. S. 110) 15 €
- 77 **Törggelekeller zur Dorfmühle** €, Haslachstr. 16, Dorf Tirol, Tel. 0355 5430602, geöffnet: Mitte April–Mitte Nov. Mo.–Fr. 17–24 Uhr. Uriges Wirtshaus am Dorfrand mit hervorragender Südtiroler Küche – besonders empfehlenswert sind die Grillspezialitäten. Dazu gibt es gute Weine aus Eigenanbau.

(39) Schloss Tirol mit Südtiroler Landesmuseum ★★★

Wer sich der stolzen Burg vom Dorf Tirol (38) aus per pedes nähert, spürt bereits deren magische Anziehungskraft. Schloss Tirol ist nicht nur ein Wahrzeichen Südtirols, sondern regelrecht sein Heiligtum und seine Keimzelle. Es beherbergt das Südtiroler Landesmuseum, das zu einer aufschlussreichen Zeitreise durch die Jahrhunderte einlädt – von der geheimnisumwobenen Tiroler Vorzeit bis in die Gegenwart.

Mindestens **zwei Stunden** sollte man für das Landesmuseum einplanen. Zunächst geht es durch den **Freiluftbereich** am Burghügel. Hier werden archäologische Relikte aus der frühesten Besiedlungszeit präsentiert. Gleichzeitig eröffnet sich eine wunderbare Sicht über den mit Weinreben bepflanzten Hang bis ins Tal.

Im **Schloss** selbst beginnt die Entdeckungstour unter dem Motto **„Tempel und Krypta"** im dunklen Gewölbebauch. Die etwas mystische Stimmung passt gut zu den Geheimnissen des frühen Mittelalters, denen man hier begegnet, etwa einer Grabplatte für ein Mädchen namens Lobecena, das um das 6. Jahrhundert im weißen Taufkleid bestattet wurde – möglicherweise handelt es sich um eine Prinzessin. Auch ein Reliquienkästchen mit eingravierten Kreuzen wurde bei den Ausgrabungen an der Vorburg entdeckt und gehört zu den kostbaren Ausstellungsstücken aus der grauen Vorzeit des Schlosses.

Über eine steile Treppe geht es in den **Kaisersaal,** der einige der bedeutendsten Kunstschätze Tirols birgt. Viele Touristen gehen ahnungslos durch das steinerne Eingangsportal. Doch es lohnt sich, hier genauer hinzuschauen. Wohl nirgendwo in Mitteleuropa kann man **romanische Portale** mit so gut erhaltenen Verzierungen bestaunen. An den Kopfhörerstationen erfährt man Wissenswertes über das faszinierende, in Stein gehauene Bildprogramm des Mittelalters. Man erkennt neben kunstvoll gearbeiteten Ornamenten viele Tiere, Fabelwesen und Menschen.

Nicht weniger faszinierend ist das Kapellenportal, das den Kaisersaal mit der unteren **Schlosskapelle** verbindet. Besonders pittoresk ist die Darstellung von Adam und Eva. Die Kapelle selbst ist reich mit Fresken ausgeschmückt. Den oberen Bereich dominiert eine gotische Kreuzigungsgruppe um 1330, welche über die Jahrhunderte als wundertätiges Pilgerziel verehrt wurde. Christus wird eingerahmt von Maria und Johannes.

> *Schloss Tirol thront majestätisch über den Weinbergen*

Im weiteren Verlauf des Museumsrundgangs wird anhand von Exponaten die mittelalterliche Lebensweise von Adel und einfachem Volk in Südtirol dargestellt und ein Einblick in das Tiroler Rechts- und Münzwesen vermittelt, inklusive historischer Foltergeräte. Im **Mushaus** (ein altertümlicher Begriff für Speisehaus) befindet sich der Besucher dann bereits in der Neuzeit, genauer gesagt im 19. Jahrhundert. Hier soll der Mythos Tirol in seinen oft romantischen Facetten anhand von Gemälden und anderen Objekten begreiflich werden, ehe es mit der Besteigung des **Bergfrieds** in die jüngere Geschichte Südtirols geht. Behandelt werden die Ereignisse des Ersten Weltkriegs, die Annexion durch Italien und die politischen Wirren in der Folgezeit bis hinein in die Gegenwart.

› **Castel Tirolo,** Schlossweg 24, Dorf Tirol, Tel. 0473 220221, www.schlosstirol.it, geöffnet: Mitte März–Anfang Nov. Di.–So. 10–17 Uhr, Eintritt: 10 €, erm. 7,50 €, Familienticket 20 € bzw. 10 € (1 Erw.), Kinder bis 6 Jahre frei

› **Anfahrt:** s. Dorf Tirol 38

40 Hafling ★

Hafling ist zwar berühmt für seine **Haflinger** – jene gutmütigen Pferde mit der charakteristischen blonden Mähne –, doch wegen der Pferde allein werden wohl die wenigsten die **Fahrt von Obermais** auf die sonnige Anhöhe hoch über Meran in Angriff nehmen. Die Pferde gibt es schließlich in ganz Tirol, wenngleich sie tatsächlich ursprünglich hier vom Tschöggelberg stammen bzw. im 19. Jahrhundert hier gezüchtet wurden.

Es ist noch eine andere Sehenswürdigkeit, die vor allem Fotografen hier herauf lockt: In einem Ortsteil von Hafling thront auf einer kleinen Anhöhe vor wunderbarem Alpenpanorama das bezaubernde **Kirchlein Sankt Kathrein.** Es stammt aus dem 13. Jahrhundert und steht möglicherweise auf einem uralten Kultplatz, worauf eine alte **Sage** schließen lässt: Einstmals lebten rechts und links der Etsch zwei Riesen, welche die Menschen gleichzeitig beim Bau zweier Kirchen unterstützten.

056bm-se

Der eine Riese arbeitete an der Kathrein-Kirche, der andere an der Vigilkirche am gegenüberliegenden Vigiljoch. Leider besaßen sie nur einen Hammer und warfen diesen regelmäßig über das Tal, sodass an einem Tag der eine, am anderen Tag der andere an seiner Kirche bauen konnte. Nur einmal vergaß der Haflinger Riese, das Arbeitsgerät zurückzugeben, was den dortigen Hünen erzürnte. Vor Wut schleuderte er einen gewaltigen Felsen Richtung Hafling, der das Kirchlein nur knapp verfehlte und bis heute im Feld bewundert werden kann. Zum Glück konnten beide Kirchen fertiggestellt werden und auch das Wetterkircherl hoch oben auf dem **Vigiljoch** lohnt einen Ausflug (s. S. 109).

Von Hafling führt die Straße weiter Richtung **Vöran.** Auf der Strecke weist ein Hinweisschild auf ein gewisses **Knottnkino** hin (ca. 10 Minuten Fahrzeit ab Hafling). Dabei handelt es sich um eine Schöpfung des Südtiroler Künstlers Franz Messner, der auf der roten Felskuppe aus Porphyr 30 Kinosessel aus Stahl und Kastanienholz installiert hat. Die Besucher können selbst entscheiden, wie lange ihr persönlicher Kinofilm dauern soll. Man sollte sich auf jeden Fall etwas Zeit nehmen, das fantastische Panorama zu genießen. Weit schweift der Blick von den Spitzen der Texelgruppe bis zum Weißhorn. Je nach Tageszeit, Wetterlage und Wolkenstimmung ist jeder Film quasi ein Unikat. Zum Knottnkino muss man von einem **gebührenpflichtigen Parkplatz** aus eine rund halbstündige **Wanderung** in Kauf nehmen.

Ein Besuch der Gegend lässt sich gut mit der **An- oder Weiterreise nach Bozen** verbinden.

› **Anfahrt:** Von Meran (ab Bahnhof [II A1], Rennweg oder Brunnenplatz in Obermais) verkehrt Bus 225 nach Hafling und zu bestimmten Zeiten auch bis Vöran. Informationen siehe www.sasabz.it.

› **Kirche Sankt Kathrein,** St.-Kathrein-Str. 4, Hafling (Avelengo), direkt neben dem Hotel Sulfner gelegen

› **Knottnkino,** Vöranstr. 14, Vöran (Verano), Wanderung vom Parkplatz oberhalb des Wirtshauses Hofschanks Eggerhof

41 Kirche Sankt Prokulus in Naturns ★★

Wenn man nicht wüsste, was für ein einzigartiger Schatz sich in dem **kleinen, unscheinbaren Kirchlein** am östlichen Ortseingang von Naturns verbirgt, man würde wohl ohne große Beachtung daran vorbeifahren. Doch längst hat sich dieser Schatz weit über die Grenzen Südtirols hinaus herumgesprochen.

Die vermutlich aus dem 8. Jahrhundert stammenden Fresken zählen nicht nur zu den **ältesten Wandmalereien in ganz Südtirol,** sondern auch zu den bedeutendsten in Mitteleuropa. Einige davon erzeugen bei so manchem Besucher ein Schmunzeln – insbesondere der sogenannte Schaukler oder die Reihe bunter Kühe. Sie stammen wohl noch aus dem vorkarolingischen Zeitalter und damit aus einer Zeit, als das Christentum im Alpenraum eine sehr junge Religion darstellte und von vorchristlichen Glaubensinhalten beeinflusst war.

Die Kirche selbst stammt aus dem 7. Jahrhundert und auch das Patrozinium (die Schutzherrschaft) weist mit dem **heiligen Prokulus,** einem Bischof aus dem 4. Jahrhundert, in die spätrömisch-langobardische Epoche Oberitaliens. Ob es sich bei dem bereits erwähnten **Schaukler** – einem auf einem Seil sitzenden Mann, der fast einer modernen Comicfigur gleicht – tatsächlich um Prokulus handelt, ist nicht eindeutig zu klären. Es könnte sich auch um den Apostel Paulus handeln, wie er über die Stadtmauer aus Damaskus flieht – darauf würde die orientalisch anmutende Darstellung der darüber abgebildeten Personen hindeuten. Auch die sogenannte **Rinderprozession** und die verflochtenen Muster haben ihre Geheimnisse noch nicht endgültig preisgegeben; möglicherweise sind sie Relikte keltischer Glaubensvorstellungen. Es bleibt auf jeden Fall Raum für Spekulationen.

Die ältesten Bilder findet man im unteren Bereich der Kirche. Der später geschaffene erhöhte Kirchenraum und der Altarbereich sind ebenfalls reich mit Wandmalereien verziert, welche aus dem 14. und 15. Jahrhundert stammen.

Seit 2006 existiert neben der Kirche ein **Museum**, in dem Ausgrabungsfunde und bei einer Restauration abgelöste Fresken ausgestellt werden.

› **Anfahrt:** Mit dem Auto von Meran über die SS38 in Richtung Reschenpass bis Naturns, am Kreisverkehr (Ortseingang) in Richtung Ortszentrum und nach ca. 100 Metern rechts zur Kirche. Mit dem Bus 251 ab Meran Bahnhof [II A1] in Richtung Schlanders bis zur Haltestelle Naturns Rathaus.

› **Chiesa e Museo di San Procolo,** St.-Prokulus-Str. 1 a, Naturns, Tel. 0473 673139, https://prokulus.merano-suedtirol.it, geöffnet: Ende März–Ende Okt. Di., Do., So. 10–12.30 und 14.30–17.30 Uhr, Eintritt mit Museum und Kirche 6 €, erm. 2,50 €, Familien 12 €. Führungen auf Anfrage (35 €).

Praktische Reisetipps Meran

An- und Weiterreise

Alle Infos hierzu stehen auf S. 116.

Autofahren

Generell herrscht in Meran ein **lebhafter Straßenverkehr.** Von einheimischen Dränglern sollte man sich jedoch nicht aus der Ruhe bringen lassen, die Geschwindigkeit einhalten und gleichzeitig konzentriert fahren, schließlich sind auch stets viele Touristen auf den teils engen Straßen unterwegs. Wer seine Unterkunft erreicht hat, lässt das Fahrzeug am besten stehen; der öffentliche Nahverkehr bringt Tagesausflügler auch bequem zu außerhalb der Stadt gelegenen Zielen.

Seit einigen Jahren gilt in Meran ein **Tempolimit** von 40 km/h und zusätzlich existieren **Tempo-30-Zonen** in großen Teilen der Stadt. Die Geschwindigkeitsbegrenzungen sollte man unbedingt einhalten, denn sonst winken saftige **Bußgelder.**

Die **verkehrsberuhigte Zone** rund um den **Domplatz** [II D2] nördlich der **Postbrücke** [II D2] ist für Fahrzeuge ohne Sondergenehmigung **tabu** und wird mittels Videokameras kontrolliert.

Die **Parkplatzsituation** in Meran ist nicht unbedingt das Gelbe vom Ei. Es empfiehlt sich auf jeden Fall, bei der Unterkunftsbuchung gleich einen Parkplatz zu reservieren.

› **Parkgarage der Therme Meran** (s. S. 108). Diese Garage ist ideal bei einem Tagesausflug nach Meran. Sie ist gut zu erreichen, zentral gelegen und bietet 560 Parkplätze. Sogar Kunstinstallationen gibt es. Gebühr: 3 €/ Stunde.

- P78 [II C1] **Parkhaus Plaza,** Kornplatz 9. Sehr zentral neben den Lauben (33) gelegen, aber etwas beengte Stellplätze: nicht unbedingt für SUVs geeignet. Gebühr: 2,70 €/Stunde.
- P79 [II af] **Parkplatz Meranarena,** Gampenstr. 74 (neben der Eissporthalle). Großer Parkplatz für Busse und Pkw, der allerdings 2 km vom Zentrum entfernt ist. Gebühr: 1 €/Stunde für die ersten drei Stunden, danach 1,60 €/ Stunde.
- › **weitere Parkhäuser** siehe www.visitmeran.it/parkplaetze-meran

Einkaufen

Einkaufsviertel und Shoppingmeilen

Seit Jahrhunderten ist Meran ein bedeutender Handelsplatz und bieten die Meraner Händler ihre Kostbarkeiten feil. Die bekannteste und traditionsreichste Einkaufsmeile sind die **Lauben** (33), die sich zwischen **Domplatz** [II D2] und **Kornplatz** [II C1] erstrecken und an denen sich Läden, Gaststätten und Cafés wie an einer Perlenschnur aneinanderreihen. Im Gegensatz zu den Bozner Lauben (5) dominieren die Modeboutiquen nicht ganz so stark und es gibt einen **Branchenmix**, der auch Feinkostgeschäfte, Juweliere und Souvenirläden beinhaltet. Auch einen Supermarkt für das kleine Sandwich zwischendurch *(tramezzini)* existiert.

Einkaufszentrum

- 80 [II B2] **Meran Stadt Centrum,** Freiheitsstr. 184, www.stadtcentrum.it, geöffnet: Mo.–Sa. 9–19, So. 10–19 Uhr. Einkaufspassage mit mehreren Mode- und Schmuckläden, einem Elektronikgeschäft und einem Supermarkt.

Märkte

Am **Domplatz** und am **Kornplatz** gibt es täglich einige **Stände**, die **Südtiroler Spezialitäten** anbieten, unter anderem getrocknete Steinpilze und Mor-

057bm-se

cheln. Allerdings haben die Produkte durchaus ihren touristischen Preis.

Jeden Freitag findet im Bereich Praderplatz/Meinhardstr. [II A1] in der Nähe des Bahnhofs zwischen 8 und 13 Uhr der große **Meraner Wochenmarkt** mit etwa 300 Marktständen statt. Neben Obst, Gemüse und Lebensmitteln werden auch Schuhe, Lederwaren und Kleidung verkauft.

Von Ende März bis Ende Oktober lohnt sich samstags zwischen 9 und 13 Uhr im Bereich Obere Freiheitsstraße/Sandplatz [II D2] ein Besuch des **Meraner Markts (MM).** Mit Südtiroler Spezialitäten, Natur- und Handwerkserzeugnissen steht er ganz im Zeichen regionaler Produkte.

An jedem letzten Samstag im Monat gibt es entlang der Winterpromenade 24 einen großen **Flohmarkt** (8–13 Uhr). Unregelmäßig an Samstagen findet auf dem Parkplatz der Bar Colla in der Meinhardstr. 172 ein weiterer Flohmarkt statt.

Kunsthandwerk

81 [II ce] **Sarnthaler,** Enge Gasse 3, Tel. 0473 491959, https://sarnthaler-blattgold-di-thaler-alois.business.site, geöffnet: Mo.–Fr. 8–13 und 14.30–19 Uhr, Sa. 8–13 Uhr. Der Handwerksbetrieb befindet sich in einer kleinen, romantischen Gasse am Sissi-Weg (s. S. 84) und ist spezialisiert auf individuell gestaltete Lederprodukte.

Bücher

82 [II D2] **Athesia Buch (2),** Lauben 186, Tel. 0473 083140, www.athesiabuch.it, geöffnet: Mo.–Fr. 9–18.30, Sa. 9–18 Uhr. Bedeutende Südtiroler Buchhandlung mit einem breiten Angebot an Büchern mit Südtirol-Bezug.

Delikatessen, Wein und Süßes

83 [II C1] **Caputo's Delikatessen,** Rennweg 70, Tel. 0340 8385515, geöffnet: Mo.–Fr. 9–19, Sa. 9–14 Uhr. Kleines, liebevoll dekoriertes Delikatessengeschäft, ideal, um kulinarische Mitbringsel aus Italien und Südtirol zu ergattern – von Pasta über Grappa bis hin zu Speck, Salami, Käse und frischem Obst.

84 Kellerei Meran Burggräfler, Kellereigasse 9, Marling, Tel. 0473 447137, www.kellereimeran.it, geöffnet: Mo.–Fr. 8–19, Sa. 8–18 Uhr. Gut sortierte Kellerei mit einem ausgesprochen großen regionalen Weinangebot. Auch Führungen und Weinverkostung.

85 [II D2] **Pur Südtirol Meran** ✿**,** Freiheitsstr. 35, Tel. 0473 012140, www.pursuedtirol.com, geöffnet: Mo.–Fr. 9–19.30, Sa. 9–14 Uhr. Hier kann man sich nach Lust und Laune mit den Leckereien der Region eindecken. Man setzt auf kleinere Manufakturen und Produkte direkt vom Bauern. Neben „fester Nahrung" gibt es ein beachtliches Angebot an Südtiroler Weinen.

› **Restaurant Schloss Rametz** (s. S. 102). Das Gasthaus verfügt auch über eine Vinothek mit Weinverkauf.

86 [II D2] **Siebenförcher,** Lauben 164, Tel. 0473 236274, www.siebenfoercher.it, geöffnet: Mo.–Fr. 9–18.30, Sa. 9–17 Uhr. Hier kann man sich mit Speck und Kaminwurzen eindecken; davon bietet das Traditionsunternehmen eine riesige Auswahl. Daneben gibt es noch weitere Delikatessen, etwa Knödel.

Mode und Schuhe

87 [II C1] **Fakie Shop,** Lauben 244a, Tel. 0473 270175, https://online.fakieshop.com, geöffnet: Mo.–Fr. 9.30–12.30 und 15–18.30, Sa. 9.30–14 Uhr.

‹ Getrocknete Pilze und Gewürze an einem der typischen Meraner Marktstände

Angesagter Skater-Modeladen, der vor allem ein junges Publikum anlockt.

88 [II C1] **Runggaldier,** Lauben 276, Tel. 0473 237454, www.runggaldier1896.com, geöffnet: Mo.–Fr. 9.30–18.30, Sa. 9.30–18 Uhr. Authentisches, eher hochpreisiges Trachtengeschäft mit guter Beratung.

89 [II D2] **Schuhe Caligula,** Lauben 134, Tel. 0473 212440, www.caligula.it, geöffnet: Mo.–Fr. 10–18, Sa. 10–17 Uhr. Schön gestaltetes Schuhgeschäft mit einigen Modellen, die so extravagant sind wie der namensgebende römische Kaiser.

Besonderes und Souvenirs

90 [II D2] **Lissy,** Freiheitsstr. 108, Tel. 0473 230602, www.lissy.it, geöffnet: Mo.–Sa. 10–18 Uhr. Die Kunststube Lissy ist spezialisiert auf handgefertigte, mundgeblasene Weihnachtskugeln.

91 [II D2] **Zuber,** Lauben 177, Tel. 0473 234534, www.zuber.bz, geöffnet: Mo.–Fr. 9–13 und 15–18, Sa. 9–12.30 Uhr. Neben Scherzartikeln und Andenken gibt es personalisierte Geschenkideen in Form von Brandmalereien auf Leder oder Gravuren auf Glas und Metall.

Hervorhebenswerte Lokale

Die Auswahl an guten Lokalen ist groß. Generell erhält man meist eine ausgezeichnete Qualität für sein Geld. Allgemeine Informationen zu „Essen und Trinken“ in Südtirol: s. S. 120.

Tiroler Küche

92 [II D2] **Forsterbräu** €€, Freiheitsstr. 90, Tel. 0473 236535, www.forsterbrau.it, geöffnet: tägl. 11–1 Uhr, warme Küche bis 23 Uhr. Das zentral gelegene Meraner Gasthaus der Südtiroler Brauerei Forst ist eine Institution. Auf der Terrasse, im Biergarten und in den unterschiedlichen Räumlichkeiten finden insgesamt 400 Gäste Platz. Dennoch keine Massenabfertigung, sondern ausgesprochen delikate Küche. Bierliebhaber kommen auf ihre Kosten. Geheimtipp: das Felsenkeller Bier!

93 [II E1] **Knödelglück** €-€€, Zenobergweg 15A, Tel. 0371 3124892, https://knoedelglueck.com, Öffnungszeiten variieren saisonal (im Winter geschlossen). Wie der Name schon sagt, werden Liebhaber Südtiroler Knödelvariationen hier glücklich. Daneben gibt es noch andere Köstlichkeiten.

94 [II D2] **Laubenkeller** €€, Lauben 118, Tel. 0473 237706, www.laubenkeller.it, geöffnet: tägl. 11.30–14 und 18–21.30 Uhr. Gehobene Südtiroler Küche im Herzen der Altstadt. Behaglicher Innenhof.

95 [II cf] **Restaurant Schloss Rametz** €€€, Laberstr. 4, Tel. 0473 235856, www.rametz.com/restaurant.html, geöffnet: Di.–Sa. 12–14 und 19–21.30 Uhr, So. 12–14 Uhr. Auf dem in der Nähe der Gärten von Schloss Trauttmansdorff 36 gelegenen Schloss genießt man raffinierte Südtiroler Kreationen. Wer Tartar liebt, sollte es hier unbedingt probieren. Daneben kann man sich an den hauseigenen Weinen laben. Die angebotenen Köstlichkeiten haben allerdings ihren Preis. Reservierung empfohlen.

Italienisch-tirolerische Küche

96 [II ce] **Pizzeria Restaurant Mösl** €, Priamiweg 1, Tel. 0473 210780, www.pizzeria-moesl.it, geöffnet: Do.–Di. 10.30–13.45 und 17–22.45 Uhr. Die herrlichen Pizzen aus dem Holzofen sind in und um Meran wohlbekannt. Zusätzlich gibt es auch erstklassige Tiroler Leckereien.

97 [II cf] **Pizzeria Tanner** €, Dantestr. 77, Tel. 0473 236558, www.pizzeriatanner.it, geöffnet: Di.–Sa. 12–14 und 18–21 Uhr, Pizza ab 17 bis 22 Uhr, So. 12–14 Uhr. Unweit der Gär-

MEINE TIPPS

Für den späten Hunger

Im Vergleich zu andere Städten wird das kulinarische Angebot in Meran zwar zu später Stunde etwas dünn, verhungern muss aber niemand.

› **Forsterbräu** (s. S. 102): bis 23 Uhr warme Küche

Lokale mit guter Aussicht

› **Pizzeria Tanner** (s. S. 102). Hübscher Gastgarten mit Blick in die Berge.

99 [II D1] **Saxifraga** €€, Tappeinerweg, Tel. 0473 239249, www.saxifraga.it, geöffnet: März–Anf. Nov. Mi.–So. 11–14.30 Uhr und 18–21 Uhr. Von dem direkt am Tappeinerweg **29** gelegenen Lokal genießt man eine herrliche Panoramasicht auf Meran, verbunden mit Tiroler Küche. Nudeln, Brot und Kuchen sind hausgemacht.

Lecker vegetarisch

Rein vegetarische Restaurants haben sich in Meran noch nicht etabliert. Dennoch findet man auf so gut wie jeder Speisekarte etliche fleischlose Speisen, etwa Pastagerichte mit Gemüse oder vegetarische Pizzen.

100 [II D2] **Trattoria Flora** €, Laubengasse 75, Tel. 0473 233596, www.trattoriaflora.it, geöffnet: Di.–Sa. 11.45–15.45 und 18.30–21.45 Uhr. Netter Italiener in einem Gebäude aus dem 14. Jahrhundert. Verschiedene vegetarische und vegane Kreationen.

ten von Schloss Trauttmansdorff **36** bietet das Restaurant erstklassige Steinofenpizzen und regionale Tiroler Küche. Die unter Bäumen gelegene Terrasse ist in den Sommermonaten ein sehr lauschiges Plätzchen.

98 [II F3] **Restaurant Pizzeria Kirchsteiger** €, Dantestr. 22, Bushaltestelle Brunnenplatz, Tel. 0473 230365, https://restaurant-kirchsteiger.it, geöffnet: Mo.–Sa. 11–14 und 17.30–23, So. 17.30–22 Uhr (im Winter geschlossen). Dieses Restaurant im Herzen von Obermais versteht sich auf italienische und Tiroler Küche. Die Pizzen können individuell zusammengestellt werden.

Das im Grünen gelegene Saxifraga ist eine echte Empfehlung

058bm-se

Italienische Küche

101 [II E3] **357 pizza and food** €, Plankensteinstr. 5, Tel. 0473 055357, www.trecinquesette.it, geöffnet: Fr.–Di. 12–14.30 und 18–23, Do. 18–23 Uhr. Gute und beliebte Pizzeria, unweit der Postbrücke gelegen. Es werden regionale Zutaten verwendet.

102 [II E2] **Henkerhaus** €€–€€€, Ortensteingasse 9, Tel. 0334 7315426, https://henkerhaus.it, geöffnet: Di.–Sa. 12–14.30 und 18–24 (Küche bis 22 Uhr), So. 12–14 Uhr. Das Haus nahe des Passeirer Tores im Steinach-Viertel 30, das einstmals für Angst und Schrecken sorgte, umschmeichelt heute den verwöhnten Gaumen mit gehobener italienischer Küche.

103 [II bf] **La Bruschetta** €€, Romstr. 144, Tel. 0473 233290, Facebook: bruschettamerano, geöffnet: Di.–So. 18.30–23 Uhr. Empfehlenswertes Restaurant für Liebhaber der mediterranen Küche, das insbesondere von Einheimischen stark frequentiert wird. Für die gebotene Qualität ein angemessenes Preis-Leistungs-Verhältnis.

Internationale Küche

104 [II ae] **Ristorante Prospero** €, 4. November-Str. 24 b, Tel. 0473 443069, geöffnet: Do.–Di. 11.30–14.30 und 17.30–23 Uhr. Beliebtes chinesisches Lokal, auch japanisches Sushi.

Cafés

105 [II D2] **Café Darling,** Winterpromenade 11, Tel. 0473 237221, geöffnet: tägl. 8.30–18 Uhr. Nettes Café in der Nähe der Postbrücke.

106 [II B1] **Café Mignon,** Meinhardstr. 152, Tel. 0473 220051, www.mignon-meran.it, geöffnet: Di.–Sa. 7–19, So. 7–13 Uhr. Nettes, kleines Café mit freundlichem Service und köstlichen süßen Verführungen.

107 [II E2] **Caffè Wandelhalle,** Winterpromenade 25, geöffnet: Fr.–Mi. 9–19 Uhr (im Winter bis 17 Uhr). In dem Kaffeehaus am Ende der Wandelhalle kann man, das Rauschen der Passer im Ohr, bei Cappuccino und Co. die Seele baumeln lassen.

Informationsstellen

Infostellen in der Stadt

› **Kurverwaltung Meran im Kurhaus** 25, Freiheitsstr. 45, Tel. +39 0473 272000, www.merano-suedtirol.it/de/meran/info-service/kurverwaltung-meran.html, geöffnet: Mo.–Fr. 9–17, Sa. 9.30–13 Uhr. Die Touristeninformation befindet sich direkt im zentral gelegenen Kurhaus und bietet ein umfangreiches Angebot an Informationsmaterial zu Sehenswürdigkeiten, Kulturevents und Freizeitaktivitäten. Es liegen zudem etliche Prospekte über Südtiroler Ziele außerhalb Merans aus.

Meran im Internet

› **www.merano-suedtirol.it/de/meran.html:** offizieller Internetauftritt des Meraner Tourismusverbandes mit professionell gestalteten Informationen zu den Themenfeldern Kultur, Essen und Trinken, Freizeitgestaltung, Unterkunft und vielem mehr

› **www.merano-suedtirol.it/de/meranerland.html:** Bei dieser Internetadresse des Tourismusverbandes liegt der Schwerpunkt auf dem Meraner Umland.

› **www.meranerland.org:** Die Plattform bietet umfangreiche Informationen zu Urlaubs- und Freizeitthemen, Unterkünften, Restaurants, Shops und aktuellen Veranstaltungen in Meran und Umgebung.

Das Andreas-Hofer-Denkmal in Meran – im benachbarten Passeiertal liegen seine Wurzeln

Alles über Andreas Hofer: Museumsausflug ins Passeiertal

Was wäre Tirol ohne seinen Volkshelden Andreas Hofer (1767–1810)? Spätestens seit sich der Südtiroler Wirt am Bergisel bei Innsbruck 1809 als Anführer des Tiroler Volksaufstands den Napoleonischen und bayerischen Besatzern entgegenstellte und 1810 in Mantua hingerichtet wurde, ist er zum Symbol des Tiroler Freiheitsgedankens und der Unbeugsamkeit geworden.

Im circa 20 Kilometer von Meran entfernten **Sankt Leonhard** befindet sich mit dem **MuseumPasseier** neben dem Bergisel in Innsbruck quasi das Epizentrum für Andreas-Hofer-Fans und solche, die es werden wollen. Doch das Museum ist keine plumpe Huldigungsstätte; die Person und ihre Bedeutung damals wie heute werden in verschiedenen Kontexten beleuchtet. Im ehemaligen Stadel des Sandhofs, dem Geburtsort Hofers, ist ein modernes Museum konzipiert worden. Es gibt etliche private Gegenstände des Freiheitskämpfers zu bestaunen. Anhand einer Multimediashow gewinnt man einen guten Einblick in die Zeit des frühen 19. Jahrhunderts. Zusätzlich existiert ein volkskundlich interessantes **Freiluftmuseum.**

Eine weitere Außenstelle des MuseumPasseier ist die **Jaufenburg,** die neben geschichtlichen Themen rund um das Tal auch Renaissance-Malereien von Bartlmä Dill Riemenschneider aus dem 16. Jahrhundert dokumentiert.

Eine ganz besondere Museumskulisse bildet das **Bunker Mooseum** in der kleinen Ortschaft Moos in Passeier an der Straße Richtung Timmelsjoch-Pass. Es residiert in einem Bunker aus den 1940er-Jahren und informiert über den Naturpark Texelgruppe, über die regionale Siedlungs- und Zeitgeschichte sowie über den Bunker selbst und seine Rolle während des Zweiten Weltkriegs.

108 MuseumPasseier mit Freiluftmuseum, Passeirer Str. 72, Sankt Leonhard, Tel. 0473 659086, geöffnet: Mitte April–Anfang Nov. Di.–So. 10–17 Uhr, Eintritt: Erw. 10 €, erm. 9 €, bis 18 Jahre frei

109 Museum Jaufenburg, Schlossweg 45, Sankt Leonhard, Tel. 0473 659086, geöffnet: Juni–Sept. Mo. 10–13 Uhr, Eintritt: freiwillige Spende

› **Infos zu den Zweigstellen:** www.museum.passeier.it (unter „Besuch“)

110 Bunker Mooseum, Museumstraße 16, Moos in Passeier, Tel. 0473 648529, https://museum.hinterpasseier.it, geöffnet: April–Okt. Di.–So. 10–17 Uhr, Eintritt: 12 €, erm. 10 €, Schüler/Studenten 5 €

059bm-se

Kunst und Museen

Museen

Viele Touristen in Meran scheinen sich, zumindest bei angenehmer Witterung, unter freiem Himmel deutlich wohler zu fühlen als im Museum. Dabei lohnt sich ein Museumsbesuch durchaus: Hier warten einige echte Ausstellungsperlen auf Besucher.

- M 111 **Brunnenburg (Castel Fontana),** Ezra-Pound-Str. 3, Dorf Tirol, Tel. 0473 923533, www.brunnenburg.net, geöffnet: April–Ende Okt. So.–Do. 10–17 Uhr, Eintritt: 8 €, erm. 7 €, Studenten 5 €, Schüler 4 €. Museum im alten Gemäuer mit Exponaten bäuerlichen Lebens.
- 35 [II C1] **Frauenmuseum.** Das Museum beschäftigt sich mit dem Frauenbild im Laufe der Jahrhunderte bis zur Gegenwart, daneben ständig wechselnde Sonderausstellungen (s. S. 91).
- M 112 [II C3] **Jüdisches Museum und Synagoge,** Schillerstr. 14, Tel. 0473 236127, www.meranoebraica.it, geöffnet: Mo.–Fr. 9–12 Uhr (außer an jüdischen Feiertagen). **Derzeit wegen Umbau geschlossen** (Stand Mitte 2024). Website beachten! Das Museum erinnert an die Epoche des einstmals blühenden Judentums in Meran (s. Exkurs auf S. 73).
- M 113 [II D2] **Kunst Meran – Merano Arte,** Lauben 163, Tel. 0473 212643, www.kunstmeranoarte.org, geöffnet: Di.–Sa. 10–18, So., Feiertage 11–18 Uhr, Eintritt: 7 €, erm. 5 €, Studenten 2 €. Ganzjährig geöffnet, zeigt die Kunstgalerie auf drei Stockwerken mit rund 500 m² Ausstellungsfläche wechselnde Ausstellungen in den Bereichen Bildende Kunst, Architektur, Literatur, Musik, Fotografie und Neue Medien.
- 34 [II D1] **Landesfürstliche Burg.** Im Spätmittelalter gab es noch keine Möbel-Discounter. Zum Glück! Bis heute ist das kunstvoll gearbeitete Interieur der Tiroler Fürsten erhalten geblieben (s. S. 90).
- › **Museum der Kirche Sankt Prokulus in Naturns 41.** Die Ausstellung liefert interessante Zusatzinformationen zum Freskenschatz des Kirchleins (s. S. 98).
- 31 [II D2] **Palais Mamming Museum.** Im Herzen der Altstadt gelegen, kann man auf mehreren Stockwerken eine ägyptische Mumie, Menhire aus grauer Vorzeit und etliche Heilige bewundern (s. S. 87).
- 39 **Südtiroler Landesmuseum im Schloss Tirol.** Einen schöneren Platz kann man

Street-Art in der Passeirer Gasse [II E2] im Steinach-Viertel 30

060bm-se

sich für ein Museum nicht vorstellen. Die Geschichte Südtirols wird hier großartig aufbereitet (s. S. 96).

› **Touriseum im Schloss Trauttmansdorff** 36. Das Südtiroler Museum für Tourismus hat seinen Platz im noblen Schloss und lässt sich zusammen mit den berühmten Gärten besuchen (s. S. 93).

Kunst unter freiem Himmel

Kaum eine andere Stadt Europas in vergleichbarer Größe hat so viel Kunst unter freiem Himmel zu bieten wie Meran. Auf Schritt und Tritt begegnen einem unterschiedliche Kunstwerke – seien es die lebendigen **Pflanzenkunstwerke** beim Flanieren auf den Promenaden 24 der Passer, die poetischen Sinnsprüche auf der **„Promenade der Poesie"** (Gilfpromenade 28), alte Statuen oder aber **Street-Art**, wie man sie eher in Großstädten vermuten würde. Ein großes, offiziell gestaltetes Wandgemälde findet sich beispielsweise in der Passeirer Gasse im Steinach-Viertel 30.

Seit einigen Jahren gibt es mit der **Skulpturenreihe „MenschenBilder"** im Stadtbild viele von unterschiedlichen Künstlern gestaltete Büsten von Personen, die auf die eine oder andere Weise mit Meran in Verbindung stehen.

› **Infos zu Kunst im öffentlichen Raum:** www.merano-suedtirol.it/de/meran/stadt-kultur/land-leute/meran-fernab-ausgetretener-pfade/rundgang-public-art-map.html

Mit Kindern in Meran

Wenngleich die älteren Semester in Meran touristisch den Ton angeben, ist die Stadt für Familien mit Kindern unbedingt eine Reise wert. Man ist schnell in der **Natur**, die **Gilfpromenade** 28 mit der tosenden Passer elektrisiert Alt und Jung und auch auf dem **Tappeinerweg** 29 gibt es viel zu entdecken. **Schloss Tirol** 39 und das dort untergebrachte **Südtiroler Landesmuseum** ist alles andere als trockene Kost: Die dunklen Verliese, Türme und Ritterrüstungen lassen die Herzen junger Ritter und Burgfräuleins höherschlagen.

Wenn das Wetter einmal schlecht ist, kein Problem: Die **Therme Meran** (s. S. 108) ist der ideale Ort gegen Langeweile. Kleine Pferdeliebhaber dürften sich über eine Veranstaltung auf dem **Pferderennplatz** (s. S. 111) freuen. Eine spannende **Sessellift-Fahrt** ins **Dorf Tirol** 38 dürfte für ältere Kinder ebenfalls eine spannende Abwechslung darstellen (s. S. 96).

Radfahren

Radfahren ist in Südtirol ein beliebtes Freizeitvergnügen, wenngleich der Drahtesel im Vergleich zu Schusters Rappen eher die zweite Geige spielt. Abseits von Radwegen und speziell auf stark frequentierten Meraner Straßen sollte man den motorisierten Verkehr stets im Auge behalten – leider gibt es immer wieder schwere Radunfälle.

Der landesweite **Fahrradverleih Südtirol Rad** (www.suedtirol-rad.com) betreibt Verleihstationen an den Bahnhöfen von Meran und Naturns 41 sowie in Bozen. Von April bis November kann man City- und Mountainbikes sowie E-Bikes und Rennräder ausleihen. Auch Schutzhelme und Kindersitze werden zur Verfügung gestellt. Südtirol Rad ist zudem Partner bei der **bikemobil Card** (s. S. 129), eine Vorteilskarte für den öffentlichen Nahverkehr, die sich für Radfahrer empfiehlt. Im Folgenden seien einige **beliebte Radstrecken** erwähnt:

061bm ©IDM Südtirol/Alex Filz

- **Etschtal-Radweg Meran – Bozen:** Entlang der Etsch führt dieser beliebte Radweg, der die beiden Südtirol-Metropolen verbindet (s. S. 64).
- **Radweg Passeiertal:** Von der Sissi-Statue neben der Postbrücke [II D2] im Meraner Zentrum führt ein leicht ansteigender und großteils naturbelassener Radweg entlang der Passer bis nach St. Leonhard (Länge: 20 km). Der Weg führt nicht direkt durch die Ortschaften entlang der Strecke, man kann aber in alle Dörfer abzweigen.
- **Von Naturns nach Meran:** Eine beliebte Fahrradstrecke führt vom Erlebnisbahnhof Staben in Naturns, wohin man die Räder im Zug befördern kann, über die Via Claudia Augusta nach Meran. Die 20 km lange Tour ist nicht sehr anstrengend, da es stets bergab geht. Insgesamt drei Radrastplätze laden zum Verschnaufen ein. Entlang der historischen Römerstraße geht es über die Etsch-Staustufe Töll weiter nach Algund, wo man einen tollen Blick in den Meraner Talkessel genießt.
- **Von Meran nach Schenna** 37: Die Route führt von der Postbrücke im Zentrum Merans über den Fischerteich Passerfritz im Naherholungsgebiet Lazag zum Gasthof Ofenbauer und von dort weiter Richtung Schenna.

Der Herbst ist ideal für Radfahrer, die Südtirol entdecken möchten

Sport und Erholung

Therme Meran

Bereits um die Jahrhundertwende wurden im Meraner Kurhaus 25 Bäder und Inhalationen angeboten. Heilkräftiges Thermalwasser fand man 1934 am Vigiljoch, was den Wunsch der Bevölkerung und der Gäste nach einem ordentlichen Thermalbad beflügelte. Es dauerte allerdings bis 1972, als das erste Thermalbad der Stadt seine Pforten öffnete. In den 1990er-Jahren wurde ein umfangreicher Neubau beschlossen, der 2005 eröffnete.

Die heutige Therme lockt Wasserratten und Erholungsbedürftige nicht nur mit **25 Becken** unterschiedlicher Temperaturen und 2000 Quadratmetern Wasserfläche, sondern kann sich auch architektonisch sehen lassen. Die Thermenlandschaft mit dem **lichtdurchfluteten Glaskubus** im Zentrum wurde vom Südtiroler Stararchitekten Matteo Thun gestaltet. Besondere Heilwirkung versprechen die beiden Becken mit **Thermalwasser.** Dieses besitzt einen hohen Radongehalt, weshalb es besonders bei Atemwegs- und Gelenkerkrankungen förderlich sein soll.

In der wärmeren Jahreszeit erweist sich der **große Thermenpark** als Wohlfühlfaktor: Auf 51.000 Quadratmetern gedeihen neben mediterranen Pflanzen auch 500 verschiedene Seerosen. Insgesamt zehn Pools erwarten die Gäste im Sommer im Freiluftareal.

Im Winter zieht es die Besucher eher in den **Sauna- und Spabereich.** Hier setzt man auf heimische Rohstoffe wie Südtiroler Latschenkiefer, Bergheu, Wolle oder Kräuter, Molke, Biomilch und Traubenkernöl.

S114 [II C2] **Therme Meran,** Thermenplatz 9, Tel. 0473 252000, www.termemerano.it, geöffnet: tägl. 9–21 Uhr, Eintritt: Erw. 2 Stunden 17 €, Tageskarte 25 €, im Winter Sa., So. und Feiertage 2 € Aufschlag, Familienticket 50 €

Wandern und Bergsteigen

Wandern gehört zu den beliebtesten Freizeitbeschäftigungen in und um Meran. Es besteht ein regelrechtes Spinnennetz aus **Wanderwegen,** die aufgrund ihrer meist geringen Steigung zum unkomplizierten Naturgenuss einladen und sich auch bestens für Familien mit Kindern und Senioren eignen.

Neben den beliebten **Stadtpromenaden** entlang der Passer (Passerpromenade und Winterpromenade ㉔ sowie Gilfpromenade ㉘), dem **Sissi-Weg** (s. S. 84) und dem **Tappeinerweg** ㉙ sind die einzigartigen **Waalwege** bei Einheimischen und Urlaubern besonders beliebt. Dabei handelt es sich um Wege, die entlang der uralten Bewässerungskanäle (Waale) angelegt worden sind. Im Anschluss sollen einige Waalwege kurz vorgestellt werden.

Infos finden sich auch im **Internet** auf der Website:

- www.meranerland.org/de/freizeit-aktiv/berge-wandern/waalwege
- **Algunder Waalweg:** Der Algunder Waalweg lässt sich hervorragend mit dem Tappeinerweg kombinieren und führt von dessen Ziel in Gratsch über Algund nach Töll am Etschufer. Man passiert Weinberge und Kastanienhaine und genießt herrliche Ausblicke auf das Meraner Becken. Länge: 6 km, Gehzeit: ca. 1½ Std.
- **Maiser Waalweg:** Das Bächlein fließt von Saltaus im Passeiertal in den Meraner Stadtteil Obermais, wo sich der Ausgangspunkt beim Schloss Planta (Kreuzung Plantastr./Schönblickstr.) befindet. Von dort geht es abwechslungsreich durch Wälder, vorbei an der sogenannten Waalerhütte, dem einstigen Arbeitsplatz des Waalwächters, und über Obstwiesen. Besonders reizvoll ist der Weg während der Obstblüte im April. Endpunkt ist der Trogglerhof in Saltaus. Länge: 8 km, Gehzeit: ca. 2½ Std.
- **Marlinger Waalweg:** Er kann von Töll aus im Anschluss an den Algunder Waalweg begangen werden und führt von der dortigen Schleuse über Marling stets am kühlen Nass entlang bis nach Lana. Mit einer Länge von 12 km ist der 1737 angelegte Waalweg der längste im Meraner Land. Gehzeit: ca. 3 Std.
- **Wanderungen am Vigiljoch:** Auf einen der Hausberge Merans gelangt man von Lana aus mit der Seilbahn. Auf dem Berg steht die uralte und sagenumwobene Vigilkirche („Wetterkircherl"). Infos zum Vigiljoch-Rundwanderweg unter: www.meranerland.org/de/freizeit-aktiv/berge-wandern/spazier-und-wanderwege/vigiljoch-rundwanderung.

Mitten in den Alpen gelegen, bietet das Meraner Land hochalpine Landschaften und einige der schönsten Gipfel Südtirols. Im **Naturpark Texelgruppe** ragen 16 Dreitausender in die Höhe. Die **Spronser Seen** bilden eine vielfältige, vom Menschen unberührte Gebirgswelt.

Erreichbar sind diese Wandergebiete beispielsweise mit der **Hochmuth-**

092bm ©Karin Jähne, stock.adobe.com

Seilbahn. Sie verbindet das **Dorf Tirol** 38 in nur fünf Minuten mit der Hochmuth-Bergstation auf 1480 Metern Höhe. Hier beginnt der Einstieg in den Meraner Höhenweg. Das Dorf Tirol ist vom Meraner Stadtzentrum aus über einen **Sessellift** (s. S. 96) erreichbar.

Alternativ erreicht man den Meraner Höhenweg über **Algund** und den Korblift zur Leiter Alm.

- **115 Talstation Hochmuth-Seilbahn,** Haslachstr. 64, Dorf Tirol, www.seilbahn-hochmuth.it
- **116 Talstation Korblift zur Leiter Alm,** Vellau 13, Algund-Vellau. Der Korblift ist für Wanderer ein besonderes Erlebnis, für das man schwindelfrei sein sollte, denn die kleinen Panorama-Gondeln sind auch nach unten durchsichtig. Die Talstation befindet sich beim Gasthaus Gasteiger (kostenlose Parkplätze vorhanden), die Bergstation liegt unterhalb der Leiter Alm. Infos: www.gasteiger.it/sessellift-korblift.

Seilbahnkarte Meraner Land

Wer sich länger in der Region aufhält und gerne hoch hinaus möchte, für den lohnt sich die Seilbahnkarte Meraner Land. Ab der ersten Entwertung besitzt sie eine Gültigkeit von sechs Tagen, wobei sie an vier Tagen genutzt werden kann. Diese vier Tage sind frei wählbar. Sie gilt stets für eine Berg- und Talfahrt an einer der **14 teilnehmenden Anlagen** – darunter die Bergbahn Meran 2000 (s. S. 112), die Seilbahn und der Sessellift Vigiljoch (s. S. 109) oder die Texelbahn in Partschins. Die Karte ist bei fast allen teilnehmenden Anlagen erhältlich (Ausnahme: Seilbahn Vigiljoch).

› **Preise:** 75 €, Kinder 30 €, gültig Mai–Anf. Nov.

› **Infos:** www.merano-suedtirol.it/de/urlaubsplanung/vorteilskarten/seilbahnkarte.html

Dreitausender-Feeling: Die Aussichtsplattform Iceman Ötzi Peak (Grawand-Spitze) ist über die Gletscherbahn Schnalstal erreichbar

Pferderennen mit Tradition

Schon zur Zeit der österreichischen Monarchie gehörten Pferderennen zu einer der Lieblingsbeschäftigungen der illustren Meraner Kurgesellschaft. Der heutige Pferderennplatz im Süden der Stadt stammt aus dem Jahr 1935 und wurde vom italienischen Architekten Paolo Vietti-Violi gestaltet. Herausgekommen ist die wohl schönste Pferdesportanlage Italiens.

Seither werden in Meran internationale Hindernis- und Flachrennen veranstaltet. Den zünftigen Auftakt bilden die heimischen **Haflinger** traditionell an Ostern – das **Galopprennen** wird flankiert von Festumzug, Musikkapellen und Festwagen. Immer sonntags finden in der warmen Jahreszeit die Rennen statt. Das bedeutendste am letzten Sonntag im September: der **Große Preis von Meran.** Die Pferde und ihre Jockeys müssen dabei eine Strecke von 5000 Meter mit etlichen Hindernissen absolvieren. Mindestens genauso interessant sind die Besucher selbst. Ganz nach dem Motto „Sehen und gesehen werden" präsentiert man sich mit prächtigen Hüten auf der großen Bühne. Wem der Nervenkitzel noch nicht reicht, der probiert sich im **Pferdewetten.**

- **117** [II af] **Pferderennplatz Meran,** Gampenstr. 140, erreichbar mit der Bahn bis Bhf. Untermais, dann ca. 100 m zu Fuß, Tel. 0473 446222, www.ippodromomerano.it

- **Meraner Höhenweg:** Dieser Klassiker unter den alpinen Höhenwegen umrundet das Bergmassiv der Texelgruppe. Geübte Bergsteiger bewältigen die Länge von etwa 100 km in vier bis sechs Tagesetappen zu je sechs bis acht Stunden Gehzeit. Der Höhenweg ist in zwei Teile unterteilt: Der Nordabschnitt von Katharinaberg im Schnalstal über das Eisjöchl auf über 2800 Höhenmeter nach Ulfas im Passeiertal erfordert Kondition für hochalpine Touren. Der längere Südabschnitt von Ulfas über die Muthöfe nach Katharinaberg kann auch von weniger geübten Wanderern bewältigt werden. Bergwanderer können sich an der einheitlichen Markierung Nr. 24 orientieren. Mittels Seilbahnen und Bussen erreicht man die Ausgangspunkte der einzelnen Etappen. Detaillierte Infos: www.meraner-hoehenweg.com.
- **Spronser Seen:** Im Naturpark Texelgruppe liegen hoch über Meran mit den Spronser Seen zehn glasklare Naturperlen. Die hochalpine Seenplatte ist nicht nur etwas fürs Auge, sie versorgt auch einen Großteil der Bevölkerung Merans mit Wasser. Von der Bergstation der Hochmuth-Seilbahn kann man im Rahmen einer Tagestour die Seen erwandern. Hier sind Ausdauer und gute Kondition nötig!
- **Gletscherbahn Schnalstal** (s. unten): Der Gletscher lässt sich auch im Sommer über einen Rundweg erkunden.

Wintersport

- **Gletscherbahn Schnalstal,** Kurzras 111, www.schnalstal.com/de/schnalstaler-gletscher-suedtirol. Wer ohne Anstrengung auf über 3000 Meter Höhe gelangen möchte, ist hier richtig. Auch die Anfahrt von Naturns 41 durch das Schnalstal ist landschaftlich reizvoll. Es gibt einen Sessellift über den Gletscher, die Aussichtsplattform Iceman Ötzi Peak und einige Wandermöglichkeiten auf dem „Dach Tirols". Bis vor einigen Jahren konnte auf dem Hochjoch das ganze Jahr über Ski gefahren werden, mittlerweile nur noch im Winter. Achtung: Aufgrund der Höhe und der dünnen Luft können auch kurze Wanderungen deutlich anstrengender werden als unter normalen Umständen und es kann bereits zu Symptomen der Höhenkrankheit kommen.

› **Meran 2000,** Naifweg 37, www.meran2000.com. Mit einer Kabinenbahn geht es von Meran aus auf den Berg Isinger am Tschöggelberg, wo sich das größte Skigebiet der Region mit 45 Pistenkilometern erstreckt. Im Sommer wird das Areal als Wandergebiet genutzt.

Stadttouren

Die im Kurhaus 25 untergebrachte **Kurverwaltung Meran** (s. S. 104) bietet das ganze Jahr über diverse **Stadtführungen** zur Geschichte, Kunst und Kultur der Kurstadt an. Eine ca. anderthalbstündige Führung kostet 11,50 € (Beginn 10 Uhr). Eine vorherige **Anmeldung** in der Kurverwaltung ist erforderlich; dort ist auch der Startpunkt für die Führungen. Infos:

› www.merano-suedtirol.it/de/meran (unter „Stadt und Kultur“/„Stadtführungen“)

Unterhaltung

Das **Nachtleben** in Meran ist eher gemütlich und überschaubar. Am meisten los ist in den Lokalen der **Lauben** 33 und in den Bars an der **Freiheitsstraße** 26. Dort wird es nach Sonnenuntergang durchaus etwas heiterer, grölende Menschenmassen sind allerdings zum Glück unüblich. Auch im Zentrum vom **Dorf Tirol** 38 gibt es einige Lokale, in denen es am Abend durchaus lebendig zugehen kann.

Bars und Pubs

118 [II E3] **Bar Cavour,** Cavourstr. 41. Kleine italienische Bar unter Arkaden gegenüber vom Hotel Palace mit guten Südtiroler Weinen. Zu jeder Bestellung werden auch kleine Knabbereien serviert.

119 [II D2] **Bar Piccolo,** Freiheitsstr. 5, Tel. 0473 236765, geöffnet: Mo.–Do. 7.15–20, Fr., Sa. 7.15–1 Uhr. Kleine Bar mit großer Cocktailauswahl und italienischem Lebensgefühl im Herzen Merans.

120 [II ae] **City Pub Meran,** 4.-November-Str. 26, Tel. 3394258497, geöffnet: So.–Do. 16–1, Fr., Sa. 16–2 Uhr. Nette Kneipe für ein buntes Publikum.

063bm-se

064bm-se

- **121** [II D2] **Palm Lounge,** Thermenplatz 1, Tel. 0473 259460, www.hoteltermemerano.it, geöffnet: tägl. 17–24 Uhr. Gute Cocktailbar direkt neben der Therme (s. S. 108). Samstags auch Livemusik.
- **122** [II D2] **Rossini,** Freiheitsstr. 19, Tel. 0473 239723, www.rossini-bar.it, geöffnet: tägl. 9–1 Uhr. Angesagte Cocktailbar mit gutem Sortiment. Hippes Publikum.

Theater und Konzerte

Kurkonzerte, Theatervorstellungen und Veranstaltungen aller Art finden in Meran hauptsächlich in den Veranstaltungsorten **Kurhaus** (25) und im **Stadttheater** (26) statt.

Unterkunft

Gemessen an seiner geringen Größe hat Meran ein **gewaltiges Bettenangebot** vorzuweisen. Doch selbst dieses große Angebot wird in der Hochsaison, also im Spätsommer und Herbst, schnell knapp. Es empfiehlt sich deshalb, **rechtzeitig zu buchen.**

Generell sind die **Zimmerpreise** in Meran ein wenig höher als in Bozen. Südtiroler Gastfreundschaft, Sauberkeit und ein hoher kulinarischer Standard sind in fast allen Unterkünften gegeben.

Die im Anschluss aufgeführten Unterkünfte befinden sich teils direkt in Meran und teils in der Umgebung. Zu den Hotels in **Obermais** gelangt man vom Bahnhof [II A1] mit der Buslinie 1, ins Dorf Tirol (38) mit der Linie 221.

In ganz Südtirol wird eine **Ortstaxe** erhoben (s. S. 67).

- **123** [II ce] **Garni Frühstückspension Sirmian** €, Blasius-Mayrhofer-Gasse 6, Tel. 0473 232636, www.sirmian.com. **Ruhig und komfortabel:** Die Unterkunft in Obermais ist ein echter Geheimtipp für Meran-Urlauber. Das Haus wird durch den Deutschorden Südtirol und das Team der Salvatorianerinnen geführt.
- **124** **Garni Kofler** €, Hauptstr. 41, Dorf Tirol, Tel. 0473 923348. **Günstig und gut:** Das kleine Frühstückshotel bietet eine gute Busverbindung nach Meran.

↑ Mondäne Hotels aus der „guten alten Zeit“ – in Meran gibt es sie noch

← In der Kurstadt wird es auch nach Einbruch der Dunkelheit nicht langweilig

Sehr gutes Preis-Leistungs-Verhältnis, empfehlenswertes Frühstück und geräumige Zimmer.

125 [II F2] **Hotel Adria** €€-€€€, Hermann-Gilm-Weg 2, Tel. 0473 236610, www.hotel-adria.com. **Charme der Belle Époque:** Wunderschönes Jugendstil-Hotel in Obermais mit gepflegtem Garten, modernen Zimmern, Hallenbad und guter Küche.

126 [II ce] **Hotel Angelica** €€, Schennastr. 36, Tel. 0473 234407, www.hotel-angelica.com. **Mit schönem Garten:** Das Hotel ist zwar ein wenig in die Jahre gekommen, eignet sich aber gut als Ausgangspunkt, denn es befindet sich zwischen der Meraner Innenstadt und den Gärten von Schloss Trauttmansdorff 36.

127 [II A1] **Hotel Lux Garni** €, Segantinistr. 1, Tel. 0473 447451, www.hotel-lux.it. **Gleich am Bahnhof:** Das Hotel ist ideal für all jene, die mit dem Zug anreisen. Gutes Preis-Leistungs-Verhältnis und ordentliche Zimmer.

128 [II cf] **Hotel Pienzenau am Schlosspark** €€€, Pienzenauweg 1, Tel. 0473 234030, www.hotelpienzenau.com. **Einfach traumhaft:** Die Lage mit herrlichem Blick über das Meraner Becken, das hervorragende Essen und der exzellente Service überzeugen. Wer einen ganz besonderen – aber nicht unbedingt besonders preiswerten – Aufenthalt in Meran erleben möchte, ist hier goldrichtig.

129 [II A2] **Youth Hostel Meran** €, Carduccistr. 77, Tel. 0473 201475, www.jugendherberge.bz/de/meran/jugendherberge. **Günstig gelegen und günstig im Preis:** Die in der Nähe des Bahnhofs zu findende Jugendherberge bietet Ein-, Zwei- und Mehrbettzimmer mit Dusche/WC, natürlich nicht nur für Jugendliche. Auch praktisch für Familien (mit Kinderstühlen und Spielecke).

Weitere Adressen

Apotheken

130 [II D2] **Bayerische Hofapotheke,** Lauben 76, Tel. 0473 231155, www.ram-farmacia.it/de, geöffnet: Mo.–Fr. 8.30–18.30, Sa. bis 18 Uhr. Kleine, gut ausgestattete und zentral gelegene Apotheke.

131 [II C2] **Central Apotheke,** Mühlgraben 6, Tel. 0473 236826, www.centralapotheke.eu, geöffnet: Mo.–Fr. 8.30–12.30 und 15–18.30 Uhr, Sa. 8.30–12.30 Uhr. Günstig in der Altstadt gelegen. Neben klassischen Medikamenten gibt es hier auch Naturheilmittel, glutenfreie Nahrungsmittel und Kosmetikprodukte.

Krankenhaus

132 [II ae] **Krankenhaus Meran (Ospedale di Merano),** Rossinistr. 5, Buslinie 4: Haltestelle unmittelbar vor dem Eingang des Krankenhauses, Tel. 0473 263333, www.asdaa.it/it/osp-merano.asp. Großes, modernes Krankenhaus mit vielen Abteilungen.

Polizei

133 [II C1] **Polizeikommissariat Meran,** Meinhardstr. 2, Tel. 0473 273511

Post

134 [II D2] **Postamt Meran-Zentrum,** Romstr. 2, Tel. 0473 274710, www.poste.it, geöffnet: Mo.–Fr. 8.20–13.25, Sa. 8.20–12.35 Uhr. Zentrales Postamt, das sich direkt an der Postbrücke gegenüber der Spitalkirche 27 befindet.

135 [II F2] **Postamt Meran 3,** Quellenplatz 19, Tel. 0473 237203, geöffnet: Mo.–Fr. 8.20–13.45, Sa. 8.20–12.45 Uhr. Postfiliale im Stadtteil Obermais.

PRAKTISCHE REISETIPPS SÜDTIROL

078bm-se

An- und Weiterreise

Mit dem Flugzeug

Bozen besitzt mit dem **Aeroporto di Bolzano Dolomiti** einen kleinen Regionalflughafen. Neben inneritalienischen Flügen werden im Sommer auch Flüge von Berlin, Düsseldorf und Hamburg angeboten (www.bolzanoairport.it/de, www.skyalps.com).

Die beiden nächstgrößeren Flughäfen befinden sich in **Verona** und **Innsbruck.** In Innsbruck kommen deutsche Maschinen mehrmals wöchentlich aus Frankfurt an. Österreichische Flieger aus Wien landen dort täglich (www.innsbruck-airport.com). Aus der Schweiz (Zürich, Genf) gibt es nur Flüge über Wien. Von Innsbruck aus bestehen Zug- und Busverbindungen nach Bozen und Meran (s. S. 117).

Mit dem Auto

Wer **von Deutschland oder Österreich** nach Südtirol anreist, wird meist über die Brennerautobahn kommen. Von München nach Bozen benötigt man etwa vier Stunden. Von Deutschland aus gelangt man zum wichtigsten Alpenpass über die **Inntalautobahn (A93)**, die am Inntal-Dreieck bei Rosenheim von der **A8** (München – Salzburg) abzweigt und ab Kufstein als **A12** geführt wird. Hinter Innsbruck führt diese Autobahn weiter in Richtung Brenner/Bozen/Modena. Man kann dabei entweder die **mautpflichtige Brennerautobahn** (A13 auf österreichischer und A22 auf italienischer Seite) wählen oder über die **Brennerstaatsstraße** fahren. Auf italienischer Seite ist die Autobahn ebenfalls mautpflichtig (Infos zu Autobahngebühren: s. S. 118).

Um ins Bozner Zentrum zu gelangen, nimmt man die **Ausfahrt Bozen-Nord.** Nach **Meran** wählt man die **Ausfahrt Bozen-Süd** und fährt weiter über die autobahnähnlich ausgebaute Schnellstraße **MeBo** (SS38).

Wer **von der Schweiz** aus anreist, erreicht Meran unter anderem über das Münster- und das Etschtal (Vinschgau) via Landstraße SS38.

◁ Vorseite: Die winzige Kirche Sankt Kathrein in Hafling (40), umgeben von Bergen und Wolken

Alternative zur Autobahn: Anreise über die Gebirgspässe

Die folgenden drei Passstraßen bieten sich für jene an, die mehr Wert auf eine landschaftlich reizvolle Strecke legen und hinsichtlich der Fahrzeit auch mal eine halbe Stunde mehr in Kauf nehmen.

Wer **nach Meran** anreist, kann den Weg über den **Jaufenpass** wählen (ca. 15–30 Minuten mehr Zeitaufwand). Die landschaftlich äußerst reizvolle, jedoch **kurvenreiche Strecke** beginnt in Sterzing und führt über 2000 Meter Höhe hinunter nach Sankt Leonhard im Passeier. Von dort ist es dann nicht mehr weit nach Meran. Hier spart man sich die Maut. Ebenfalls von Sterzing aus führt eine mautfreie Passstraße über das **Penser Joch** (2211 Meter Höhe) in **Richtung Bozen** (ca. 30 Minuten mehr Zeit einplanen). Eine besonders spektakuläre und hoch gelegene Anfahrt **nach Meran** verspricht die mautpflichtige Strecke über das **Timmelsjoch** (2474 Meter, Maut für Pkw: 17 €) vom Tiroler Ötztal aus. Alle drei Passstraßen sind **im Winter gesperrt.**

› **Aktuelle Infos zur Befahrbarkeit:** www.alpen-journal.de/alpenpaesse

Mit dem Zug

Aufgrund der Autobahngebühren in Österreich und Italien (s. S. 118) ist die Anreise mit dem Auto etwas kostspieliger, weshalb preis- und umweltbewusste Reisende eine Anfahrt mit der Bahn in Erwägung ziehen sollten.

Internationale Zugverbindungen führen von Norden **über Innsbruck** und von Süden **über Verona** nach Bozen (Fahrzeit ab Innsbruck: ca. 2 Std., Tickets ca. 20 €, Sparangebote teils noch günstiger; Fahrzeit ab Verona: ca. 1½ Std., Tickets ab 15 €). Der **Bahnhof Bozen (Stazione di Bolzano)** [I D4] ist mit jährlich ca. 5,5 Mio. Fahrgästen der bedeutendste Bahnhof der Region Trentino-Südtirol und nur einen **kurzen Fußmarsch** vom Stadtzentrum und dem zentralen Waltherplatz ❶ entfernt.

Zwischen **Bozen und Meran** existiert eine regelmäßige Zugverbindung (s. Abschnitt „Von Bozen nach Meran und umgekehrt" rechts).

Von der Schweiz besteht keine direkte Zugverbindung in die beiden Städte.

Mit dem Bus

Verschiedene **Fernbusse** steuern Südtirol an. Mehrmals täglich fährt etwa das Busunternehmen Flixbus in rund vier Stunden von **München** nach Bozen (Preis: ca. 22–36 € pro Strecke, www.flixbus.de). Flixbus bedient zudem die Strecke von **Innsbruck** nach Bozen (ab 14 €).

Von Bozen nach Meran und umgekehrt

Die unkomplizierteste Art und Weise, zwischen Bozen und Meran zu pendeln, stellt die direkte **Bahnverbindung** dar. Halbstündlich verkehren Züge zwischen den beiden Südtirol-Metropolen (Fahrzeit: 40–45 Min., www.trenitalia.com).

Die **Buslinie 201** verbindet den Busbahnhof Bozen (direkt neben dem Hauptbahnhof gelegen) weniger regelmäßig mit dem Bahnhof Meran (Fahrzeit: 50 Min., etwa stündliche Abfahrten, www.sasabz.it).

Mit dem **Auto** gelangt man über die autobahnähnlich ausgebaute **Schnellstraße MeBo (SS38)** in ca. 20–30 Minuten von Bozen nach Meran und umgekehrt. Eine landschaftlich reizvolle Variante über teils sehr enge, kurvenreiche Straßen führt von Bozen über Jenesien ㉓, Flaas, Vöran und Hafling ㊵ nach Meran (Fahrzeit: ca. 1½ Std.).

Auch eine **Radtour** zwischen beiden Städten ist denkbar (s. S. 64).

067bm-se

[>] *Wer nicht über die Autobahn nach Bozen oder Meran anreisen möchte, kann auch den Weg über die Gebirgspässe nehmen*

Autofahren in Italien und Österreich

Auf kurvigen, engen Gebirgsstraßen ist **erhöhte Aufmerksamkeit** geboten.

- **Autobahngebühren in Italien:** In Italien wird eine kilometerabhängige Maut erhoben, die für einen Pkw pro Kilometer ca. 8 Ct. beträgt. Die Strecke zwischen Brenner und Bozen-Süd kostet ca. 6 €. Das Mautticket erhält man nach dem Grenzübergang am Brenner an der Mautstation Sterzing. Mautrechner: www.autostrade.it/en/home („Toll calculation").
- **Autobahnvignette für Österreich:** In Österreich muss man beim Befahren fast aller Autobahnen eine Vignette an die Frontscheibe kleben. Sie ist erhältlich bei Automobilclubs oder an Raststätten und Tankstellen im Grenzgebiet, etwa an der Tankstelle vor dem Grenzübergang Kiefersfelden – Kufstein. Die 10-Tages-Vignette kostet 11,50 €, die 2-Monats-Vignette 28,90 €, die Jahresvignette 96,40 € und die 1-Tages-Vignette (nur digital) 8,60 € (Motorräder: 4,60 €/11,50 €/38,50 €/3,40 €).
- **Brennerautobahn (A13):** Die Autobahn von Innsbruck zur italienischen Grenze ist eine Sondermautstrecke. Für Autos und Motorräder gilt hier keine Vignetenpflicht, stattdessen muss für eine einfache Strecke 11 € bezahlt werden. Wer die Autobahn an der Ausfahrt Schönberg verlässt, zahlt weniger. Die Bundesstraße zum Brenner ist kostenfrei.
- **Lichtpflicht:** In Italien muss auf Autobahnen und außerhalb geschlossener Ortschaften auch tagsüber mit Licht gefahren werden, sonst droht ein Bußgeld von mindestens 40 €.
- **Geschwindigkeitsbegrenzungen:** In **Italien** gilt außerorts ein Tempolimit von 90 km/h, auf der Schnellstraße Bozen – Meran prinzipiell 110 km/h, wobei hier häufig nur 90 km/h gefahren werden darf und oft geblitzt wird. Auf Autobahnen beträgt das Tempolimit 130 km/h. Schon bei 20 km/h zu viel werden saftige Bußgelder fällig. In

Durch das Etschtal führt die Schnellstraße von Bozen nach Meran

Österreich gilt in Ortschaften 50 km/h, außerorts 100 km/h, auf Autobahnen 130 km/h, wobei auf der Strecke zwischen Kufstein und Innsbruck ein generelles Tempolimit von 100 km/h besteht.

- **Pannen-Notrufnummer:** Pannenhilfe des Italienischen Automobilclubs ACI unter Tel. 8030116, ADAC unter Tel. 0049 89222222, ÖAMTC unter Tel. 0043 12512000
- **Tanken:** Die Kraftstoffpreise in Italien sind in der Regel etwas höher als in Deutschland und Österreich. Es lohnt sich also, das Fahrzeug vor dem Grenzübertritt noch einmal voll zu tanken – am günstigsten an einer österreichischen Tankstelle abseits der Autobahn.
- **Warnweste:** In Österreich und Italien besteht eine Warnwesten-Pflicht. Im Fall einer Panne oder eines Unfalls muss diese beim Verlassen des Fahrzeugs getragen werden.

Barrierefreies Reisen

Für Menschen mit Handicap hat sich in Südtirol in den vergangenen Jahren einiges zum Positiven verändert. Über 300 Unterkünfte, darunter Hotels, Bauernhöfe und Ferienwohnungen, bieten Voraussetzungen für einen **barrierefreien Urlaub** mit dem Rollstuhl. Auch für Blinde, Gehörlose und Gehbehinderte gibt es geeignete Quartiere. Selbiges gilt auch für Restaurants und etliche Sehenswürdigkeiten.

Die **Plattform „Südtirol für alle"** gibt einen guten Überblick über Angebote für den barrierefreien Urlaub und bewertet mit einem Punktesystem den Grad der Zugänglichkeit. So sind beispielsweise die Gärten von Trauttmansdorff 36 für Rollstuhlfahrer hervorragend zu erkunden, während Schloss Tirol 39 leider nicht problemlos zugänglich ist. Familien mit Kinderwagen und Senioren profitieren ebenfalls von diesem Service.

Da Südtirol in erster Linie für seine Freiluftaktivitäten berühmt ist, wurde zusätzlich das **Portal „Naturerlebnis für alle"** ins Leben gerufen, auf dem hilfreiche Informationen zu **barrierefreien Wanderwegen** zu finden sind. So lässt sich beispielsweise der Tappeinerweg 29 in Meran gut mit dem Rollstuhl bewältigen. Das Portal bietet ferner Tipps für barrierefreie **Sport- und Freizeitangebote,** zu Sehenswürdigkeiten und Ausflügen – inklusive **zwölf barrierefreier Reiserouten,** die einem aufwendiges Recherchieren ersparen. Fotos und digitale Landkarten erleichtern die Planungen zusätzlich.

- www.altoadigepertutti.it
- www.altoadigepertutti.it/de/naturerlebnis-fuer-alle

Diplomatische Vertretungen

- •**136** [I C3] **Deutsches Honorarkonsulat Bozen,** Dr.-Streiter-Gasse 12, https://italien.diplo.de/it-de (unter „Botschaft & Konsulate"/„Unsere Honorarkonsulinnen und Honorarkonsuln"/„Honorarkonsulin Bozen"), Tel. +39 471 972118, tel. Erreichbarkeit: Di., Mi. 10–12, Fr. 10–11 Uhr, Besucherzeiten nur nach vorheriger Terminvereinbarung
- **Österreichisches Generalkonsulat Mailand,** Piazza del Liberty 8/4, www.bmeia.gv.at/gk-mailand, Tel. +39 277 80780
- **Schweizerisches Generalkonsulat Mailand,** Via Palestro 2, www.eda.admin.ch, Tel. +39 277 79161, Helpline EDA +41 800 247365

Essen und Trinken

Kulinarisch ist Südtirol zweifellos eine der vielfältigsten Regionen Europas, in der die unterschiedlichsten Geschmäcker bedient werden. Hier, wo sich **italienisch-mediterrane** und **österreichisch-alpenländische Küche** begegnen, bleiben kaum Wünsche offen. Antipasti, Pizza und Pasta stehen ebenso auf den Speisekarten wie Knödel, Käse und Kaiserschmarren. Die Produkte stammen aus den Tiefen des Mittelmeeres und von den Kräuterweiden der Berge. Natürlich findet sich die gesamte Vielfalt nicht auf jeder Speisekarte; gerade Tiroler Gasthäuser bieten jedoch häufig italienische Speisen an und in so manchem Ristorante kann man ein Schnitzel bestellen.

Generell wird man die **italienische Küche** aufgrund des hohen italienischsprachigen Bevölkerungsanteils eher in den urbanen Zentren von Bozen und Meran finden, während in den ländlich geprägten Vororten und im alpinen Umland die **Tiroler Küche** dominiert.

Letztere bietet neben vegetarischen Gerichten wie Spinat- oder Kaspressknödeln vor allem raffiniert zubereitete Fleischgerichte – jenseits von Rind, Schwein und Geflügel stehen auch Lamm- und Wildgerichte auf der Karte. Berühmt ist das gehaltvolle Pfannengericht **Tiroler Gröstl** (s. S. 121). Besonderen Wert legt man auf saisonale und heimische Produkte: Vornehmlich im Spätsommer und Herbst werden die Schätze Südtirols präsentiert: vom heimischen Obst über Esskastanien bis hin zu Steinpilzen. Berühmt ist Südtirol zudem für seinen luftgetrockneten Speck, seine geräucherten Kaminwurzen (ähnlich der Salami) und seinen Bergkäse. Alle drei dürfen natürlich nicht beim berühmten **Törggelen** (s. S. 12) fehlen.

Zur klassischen Südtiroler Brotzeit, die hier **Marende** genannt wird, gehört stets das typische **Schüttelbrot** (s. S. 121). Viele schätzen es als Begleiter zum Wein. Womit wir auch schon bei den **Getränken** wären:

070bm ©IDM Südtirol/Frieder Blickle

Neben alkoholfreien Getränken wie den heimischen **Fruchtsäften** (z. B. Apfel- oder Traubensaft) trinkt man hier **Bier,** das fast ausschließlich von der großen Südtiroler Brauerei Forst stammt. Selbstverständlich ist die Region zwischen Bozen und Meran für ihre **Weine** berühmt. Frische Weißweine werden ebenso gekeltert wie die berühmten Südtiroler Rotweinsorten Vernatsch oder Lagrein, die nur in Südtirol angebaut werden. Im Gegensatz zu den eher schweren süditalienischen oder französischen Rotweinen sind die Südtiroler Vertreter meist etwas heller, leichter und süffiger. Nach dem Essen trinkt man gerne noch einen klaren **Schnaps,** der in vielen kleinen Destillerien aus heimischem Obst gebrannt wird.

Das Wasser vom Virgiljoch kommt nicht nur in der Therme Meran (s. S. 108) zur Anwendung, man kann es auch im Supermarkt als **Meraner Mineralwasser** erwerben. Es stammt aus sogenannten sauren Gesteinen und ist reich an Silizium und Fluorid. Das klare, kalte **Leitungswasser** aus den Quellen der Alpen kann in Südtirol in der Regel guten Gewissens konsumiert werden.

Etliche **haltbare Tiroler Schmankerln** wie Hartkäse, Speck, Schüttelbrot, getrocknete Pilze, Marmeladen und Honig kann man in Feinschmeckergeschäften, auf Märkten, an Ständen und in Supermärkten erwerben und gut als Mitbringsel in die Heimat transportieren.

Spinatknödel sind nur eine Spielart der Südtiroler Knödel-Vielfalt

Das Personal in Bars und Restaurants freut sich über ein **Trinkgeld** in Höhe von 10 bis 20 Prozent. Vor allem in italienischen Lokalen wird das **Gedeck** *(coperto)* oft extra berechnet.

Südtiroler Schmankerln

- **Erdäpfel:** Kartoffeln
- **Kaiserschmarrn:** in der Pfanne gebratener, zerteilter Pfannkuchenteig mit Puderzucker und Apfel- oder Zwetschgenkompott – eine der bekanntesten Süßspeisen der österreichisch-tirolerischen Küche
- **Kaminwurzen:** kleine, geräucherte Würste nach Art von Salami
- **Kaspressknödel:** flach gepresste Knödel mit Käsefüllung, die gebraten oder in der Suppe serviert werden
- **Kasspatzen:** in der Pfanne mit Bergkäse und Zwiebeln gebratene Spätzle
- **Maroni:** Esskastanien, die insbesondere im Herbst in Öfen geröstet und häufig zum Törggelen serviert werden
- **Rippelen:** Schweinefleisch in Form von Spareribs (in der Regel gegrillt)
- **Schüttelbrot:** knuspriges, haltbares Fladenbrot aus Roggen, das je nach Region mit geheimer Gewürzmischung (meist Kümmel, Anis oder Koriander) gewürzt und in unterschiedlichen Härtegraden gebacken wird
- **Südtiroler Speck:** mild geräucherter und mindestens 22 Monate gereifter Rohschinken, der bei einer Brotzeit nicht fehlen darf
- **Suser:** junger, frisch vergorener Traubenmost, vergleichbar mit Federweißer bzw. Sturm im Herbst
- **Tiroler Gröstl:** deftiges Pfannengericht aus Bratkartoffeln, Rindfleisch, Zwiebeln und Spiegelei
- **Tiroler Tris:** drei verschiedene Knödel als Hauptgericht, beispielsweise Spinatknödel, Rote-Beete-Knödel und Speckknödel

Smoker's Guide

In Italien gilt in öffentlichen Gebäuden und Gaststätten ein **strenges Rauchverbot.** Lediglich in ausgewiesenen Raucherzonen und im Freien ist Rauchen erlaubt. Allerdings gibt es in **Bozen** auch draußen Einschränkungen: Rauchen ist hier auf **Kinderspielplätzen** und an Orten, wo sich schwangere Frauen und Kinder aufhalten, verboten. Auch für Bushaltestellen und öffentliche Parks ist Ähnliches geplant. Für Restaurants und Kneipen gilt in der Regel ebenfalls ein Rauchverbot. In Außenbereichen soll es künftig spezielle Rauchertische geben.

Tabakprodukte kann man in Italien nicht im Supermarkt, sondern nur in den ausgewiesenen **Tabacchi-Läden** kaufen.

069bm-se

Geldfragen

Italien ist zwar kein Billigurlaubsland, im Vergleich zu Ländern wie der Schweiz, England oder den skandinavischen Staaten ist das **Preis-Leistungs-Verhältnis** aber in Ordnung.

Die **Preise** in der **Gastronomie** sind etwas höher als im deutschen Durchschnitt, eher vergleichbar mit Österreich. Für ein Hauptgericht mit Getränk sollte man in Restaurants mit durchschnittlich ca. 24 € pro Person rechnen. Für das **Gedeck** *(coperto)* wird in Südtirol nicht automatisch Geld verlangt – in feineren, insbesondere italienischen Restaurants sollte dies allerdings einberechnet werden.

Bei den **Unterkünften** sind nach oben kaum Grenzen gesetzt, während sehr günstige Übernachtungsmöglichkeiten eher rar gesät sind. Allerdings gibt es im mittleren Preissegment jede Menge Hotels und Privatunterkünfte, die in der Regel ihr Geld wert sind und guten Service bieten.

Der **öffentliche Nahverkehr** ist in Südtirol vergleichsweise preiswert. Auch die **Eintrittspreise** für Museen und Sehenswürdigkeiten halten sich in Grenzen und bewegen sich für Erwachsene zwischen 4 und 12 €.

Debitkarten (Girocard) und Kreditkarten

Innerhalb Europas kann man mit der **Debitkarte** (in Deutschland auch als **Girocard** bekannt) problemlos zahlen und am Automaten Geld abheben. Debitkarten mit Maestro-Funktion sind noch bis zu ihrem Laufzeitende gültig, werden aber seit Juli 2023 sukzessive gegen sogenannte Mastercard-Debit-Karten ausgetauscht, mit denen man ebenfalls im Ausland zahlen und Geld abheben kann. **Kreditkarten** sind auch ein gängiges Zahlungsmittel. Unter Umständen fallen für Auslandszahlungen Gebühren an. Man sollte sich bei der jeweiligen Bank oder beim Kreditkarteninstitut über die Kosten informieren.

Für das **Geldabheben** im EU-Ausland gelten die gleichen Konditionen wie in Deutschland. Wie hoch die Kosten sind, hängt von der eigenen Bank ab und sollte vor der Reise erfragt werden. Es kann jedoch vorkommen, dass Geldautomatenbetreiber im jeweiligen Land zusätzliche Gebühren erheben. Die Höhe der Kosten muss am Automaten vor der Bestätigung der Abhebung angezeigt werden.

Hunde

Südtirol ist für Hundebesitzer ein beliebtes Reiseziel. Besonders in Meran flanieren jede Menge Vierbeiner zusammen mit Herrchen und Frauchen auf den Promenaden. Tipps für **hundefreundliche Hotels** und Angebote für Hundefreunde findet man im Internet unter:

› www.suedtirolerland.it/de/freizeit-aktiv/urlaub-mit-hund

Öffentlicher Nahverkehr: Kleine Hunde, die im Arm gehalten werden, dürfen kostenlos befördert werden. Für alle anderen Vierbeiner kann ein Einzelfahrschein oder die Mobilcard (s. S. 128) zum 50-Prozent-Tarif gelöst werden. In den Seilbahnen, z. B. Richtung Kohlern (21), gelten gesonderte Regeln für die Mitnahme von Vierbeinern, die sich von Seilbahn zu Seilbahn unterscheiden. In der Regel müssen Hunde mit Ausnahme kleiner Rassen einen **Maulkorb** tragen und an der **Leine** geführt werden.

Südtirol preiswert

› Mit der **Mobilcard** kann man an einem, drei bzw. sieben Tagen alle öffentlichen Verkehrsmittel in ganz Südtirol – also Bus, Bahn und Seilbahn – unbegrenzt nutzen (s. S. 128).

› Zusätzlich gibt es für Radfahrer die **bikemobil Card** (s. S. 129) und für Kulturinteressierte die **museumobil Card** (s. S. 129). Mit Letzterer sparen Kulturinteressierte Geld, da hier der **kostenlose Eintritt in rund 80 teilnehmende Museen** inbegriffen ist.

› In der warmen Jahreszeit locken sowohl in Bozen als auch in Meran etliche **kostenlose Konzerte und Veranstaltungen.**

› Es muss nicht immer ein teurer Restaurantbesuch sein: Wer Tiroler Speck, Käse, Wein und andere Spezialitäten in den Lebensmittelgeschäften einkauft, kann sich eine **preisgünstige Südtiroler Brotzeit** selbst zusammenstellen und bei einem Picknick verspeisen.

Informationsquellen

Südtirol im Internet

› **www.barfuss.it:** Das unabhängige Onlinemagazin spricht vor allem die hippe, junge und internetaffine Zielgruppe an. Die inhaltliche Bandbreite reicht von Politik über Lifestyle bis Popkultur und deckt ganz Südtirol ab.

› **www.sentres.com:** Das Internetportal bietet umfangreiche Infos zu Urlaubs- und Freizeitthemen in der Region, z. B. Tourenvorschläge, Unterkünfte, Restaurants.

Meine Literaturtipps

- Amico, Astrid; Ruepp, Martin: **Mystische Orte in Südtirol,** Edition Raetia. Eine Reise zu sagenumwobenen Kraftplätzen und Kultstätten aus der Vorzeit, die bis heute nichts von ihrer Faszination verloren haben. Schön bebildert.
- Böckler, Michael: **Tod oder Reben. Ein Wein-Krimi aus Südtirol,** Rowohlt. Humorvoller Krimi rund um guten Wein und gutes Essen.
- Egarter Vigl, Eduard: **Ötzis Leibarzt,** Edition Raetia. Der Pathologe berichtet auf unterhaltsame Art und Weise über seine Erlebnisse mit der berühmten Gletschermumie, die im Südtiroler Archäologiemuseum 11 bestaunt werden kann.
- Marseiler, Sebastian: **Kunstführer Südtirol,** Athesia Tappeiner Verlag. Informatives und reich bebildertes Buch über die Kunstschätze Südtirols.
- Stimpfl, Oswald: **Törggelen in Südtirol,** Folio Verlag. Genussführer durch die Südtiroler Buschenschänken und Bauerngasthäuser. Auch etliche kulinarische Geheimtipps in der Region rund um Bozen und Meran werden präsentiert.

- **www.stol.it (Südtirol Online):** Nachrichten für Südtirol mit Bozen- und Meran-Bereich. Regionale Information und Unterhaltung stehen im Vordergrund.
- **www.suedtirol.info:** offizielle Internetpräsenz für Südtirol-Reisen mit ausführlichen Infos über Unterkünfte, Sehenswürdigkeiten, Freizeit und aktuelle Themen
- **www.suedtirolerland.it:** touristische Informationsseite für ganz Südtirol mit separatem Bozen- und Meran-Bereich
- **Virtuelles Fundbüro unter www.fundinfo.it:** Hier kann man nach verlorenen Gegenständen suchen, die in den Fundämtern Südtirols abgegeben wurden.

Smartphone-Apps

- **Audioguide – Ötzi:** App mit Informationen und Hintergründen zur Dauerausstellung im Südtiroler Archäologiemuseum 11. Es gibt 23 Themenpunkte zu je ein bis drei Hörminuten, Bilder und eine interaktive Karte des Museums (2,49 € für Android und 1,99 € für iOS). Mit **„Mission Ötzi“** ist auch eine separate Kinder-Variante der App verfügbar (geeignet für Kinder zwischen 6 und 10 Jahren, kostenlos für Android und iOS).
- **Südtirol Guide:** kostenlose, offizielle Südtirol-App mit Wettervorhersage, Informationen zu Hotels, Attraktionen, Events und mehr (kostenlos für Android und iOS)
- **südtirolmobil:** App für den öffentlichen Nahverkehr in Südtirol. Die beste Route wird berechnet und die Positionen der Busse in Echtzeit angezeigt (kostenlos für Android und iOS).

Publikationen und Medien

- **bm – Bolzano Bozen Magazine:** Aufwendig gestaltete, viermal jährlich erscheinende, kostenlose Zeitschrift mit den Themenfeldern Lifestyle, Kultur und Freizeit, die sich auch an Bozen-Besucher richtet und deren Artikel in Deutsch, Italienisch und Englisch erscheinen. Besonders interessant für Bozen-Besucher sind die aktuellen Veranstaltungstipps. Die gedruckte Ausgabe ist bei der Touristeninformation (s. S. 61) und in vielen Hotels sowie touristischen Hotspots erhältlich. Eine Möglichkeit zum Durchblättern im Internet hat man unter www.bolzano-bozen.it/de/archiv-bm-magazine.htm.

- **Dolomiten:** Die älteste deutschsprachige Zeitung Südtirols wurde 1882 unter dem Titel „Der Tiroler“ gegründet. Sie zählt zu den reichweitenstärksten Zeitungen der Region, ist eher im konservativ-katholischen Milieu angesiedelt und galt lange Zeit als Sprachrohr der Südtiroler Volkspartei SVP. Es gibt Regionalnachrichten zu Bozen und Meran (Onlineausgabe: www.stol.it).
- **Merano Magazine:** Das Meraner Gegenstück zum Bolzano Bozen Magazine erscheint zweimal jährlich kostenlos und widmet sich den Themen Lifestyle, Kultur, Geschichte und Freizeit; daneben gibt es Interviews und Porträts interessanter Südtiroler Persönlichkeiten. Die Artikel erscheinen auf Deutsch und Italienisch. Erhältlich ist das Magazin bei der Kurverwaltung im Kurhaus (s. S. 104), in vielen Unterkünften und in touristischen Einrichtungen. Die Onlineausgabe kann man auf der Website www.meranomagazine.com abrufen.
- **Neue Südtiroler Tageszeitung:** Sie wurde 1996 gegründet, erscheint in gedruckter Ausgabe von Dienstag bis Samstag und versteht sich als gesellschaftspolitischer Gegenpol zu den „Dolomiten“ (www.tageszeitung.it).

Notfälle

- **Notruf:** Tel. 112
- **Rotes Kreuz Bozen:** Tel. 0471 917213
- **Weißes Kreuz Bozen:** Tel. 0471 444444
- **Dienst für Betreuungskontinuität** (ehem. ärztlicher Bereitschaftsdienst): Tel. 0471 908288

Kartensperrung

Bei Verlust der **Debit-/Giro-, Kredit-** oder **SIM-Karte** gibt es für Kartensperrungen eine **deutsche Zentralnummer.** (Man sollte unbedingt vor der Reise klären, ob die eigene Bank bzw. der jeweilige Mobilfunkanbieter diesem Notrufsystem angeschlossen ist.)

Aber Achtung: Mit der telefonischen Sperrung sind die Bezahlkarten zwar für die Bezahlung/Geldabhebung mit der PIN gesperrt, nicht jedoch für das **Lastschriftverfahren mit Unterschrift.** Man sollte daher auf jeden Fall den Verlust zusätzlich **bei der Polizei zur Anzeige bringen,** um gegebenenfalls auftretende Ansprüche zurückweisen zu können.

In **Österreich** und der **Schweiz** gibt es keine zentrale Sperrnummer, daher sollten sich Besitzer von in diesen Ländern ausgestellten Debit- oder Kreditkarten vor der Abreise bei ihrem Kreditinstitut über den zuständigen Sperrnotruf informieren.

Generell sollte man sich immer die **wichtigsten Daten** wie Kartennummer und Ausstellungsdatum **separat notieren,** da diese unter Umständen abgefragt werden.

- **Deutscher Sperrnotruf:** Tel. +49 116116 oder Tel. +49 3040504050
- **Weitere Infos:** www.kartensicherheit.de, www.sperr-notruf.de

Öffnungszeiten

Die **Geschäfte** in Bozen und Meran sind unterschiedlich lang geöffnet: Während große Ketten keine Mittagspause machen, können kleinere Läden zwischen 12 und 15 Uhr geschlossen sein. Manche Geschäfte, insbesondere in den Lauben (in Bozen ❺, in Meran ㉝) haben auch

071bm-se

▣ *Wie in ganz Italien gehören die Carabinieri auch in Bozen zum Stadtbild*

sonntags auf. Die meisten Läden öffnen zwischen 9 und 9.30 Uhr und schließen wochentags gegen 19, samstags oft bereits um 17 Uhr. **Museen und Burgen** haben meist bis 17 Uhr geöffnet, **Montag** ist häufig **Ruhetag.** Öffnungszeiten können saisonal variieren. Teilweise haben Geschäfte im Winter eine Mittagspause.

Sicherheit

Bozen und Meran sind prinzipiell **sichere Städte.** Die Kriminalität ist deutlich geringer als in den großen italienischen Städten wie Rom, Neapel oder Mailand. Vorsicht ist tagsüber und insbesondere **zu späterer Stunde im Bereich des Bozner Bahnhofs** angebracht. Die Gegend rund um den Bahnhofspark dient Obdachlosen, darunter auch vielen afrikanischen Migranten, als Aufenthaltsort und Schlafstätte. In den vergangenen Jahren kam es hier immer wieder zu Drogen- und Gewaltdelikten. Wer in den Außenbezirken von Bozen wohnt, sollte nachts eventuell lieber mit dem Taxi zur Unterkunft fahren.

Das eigene Fahrzeug sollte man auf einem **Hotelparkplatz** oder einem **bewachten Parkplatz** abstellen.

Sprache

In Südtirol wird **Deutsch, Italienisch** und **Ladinisch** gesprochen, wobei man Letztere als Minderheitensprache in Bozen und Meran eher selten hören wird. In Meran kommt man mit **Deutsch und Englisch** so gut wie immer durch. Auch in Bozen gibt es normalerweise keine Verständigungsprobleme – am ehesten noch im italienischsprachigen Stadtbezirk jenseits der Talfer.

Der **Tiroler Dialekt** könnte manchen Touristen hin und wieder etwas Schwierigkeiten bereiten. In der Regel bemühen sich die Einheimischen im Gespräch mit Gästen jedoch um eine verständliche hochdeutsche Aussprache. Im Reise Know-How Verlag sind die beiden **Kauderwelsch-Sprachführer** „Tirolerisch – die Sprache des Bergvolks" und „Italienisch – Wort für Wort" erschienen.

Telefonieren

Die **Vorwahl** von Bozen lautet **0471**, die von Meran **0473**, die Vorwahl Italiens **0039** – die darauffolgende 0 wird dabei, im Gegensatz zu anderen Ländern, nicht weggelassen. In diesem Buch ist die Städtevorwahl von Bozen bzw. Meran immer angegeben, nicht jedoch die Ländervorwahl von Italien.

In der EU gibt es **keine Roaminggebühren** mehr. Damit ist das Telefonieren und Surfen mit dem **Handy** im EU-Ausland so günstig wie zu Hause – es sei denn, man nutzt das Handy im Ausland über einen längeren Zeitraum hinweg, dann können je nach Anbieter Nutzungsobergrenzen gelten.

Verkehrsmittel

Bus, Zug, Seilbahn

Der **öffentliche Nahverkehr** in Bozen, Meran und generell ganz Südtirol wird vom **Südtiroler Verkehrsverbund (SAD)** organisiert und funktioniert in der Regel reibungslos und zuverlässig.

Zu den Verkehrsmitteln gehören neben **Stadtlinien, Überlandlinien und Citybussen** auch die **Regionalzüge** der italienischen Eisenbahn – etwa die Verbindung zwischen Brenner und Meran – sowie die Züge der Vinschger- und Pustertalbahn und die Rittner Schmalspurbahn. Auch die **Seilbahnen** nach Jenesien 23, zum Ritten 20, und nach Kohlern 21 sind Teil des Verkehrsverbundes.

Infos zum **Streckennetz** der Nahverkehrsmittel in Bozen und Meran erhält man in den jeweiligen Touristeninformationen (s. S. 61 und S. 104). Empfehlenswert ist zudem

Mit der Ritten-Seilbahn überquert man reizvolle Landschaften

065bm-se

die **App** der Verkehrsbetriebe (südtirolmobil, s. S. 124). Netz- und Fahrpläne sowie aktuelle Hinweise zu Verkehr und Baustellen findet man natürlich auch auf deren **Website:**

› www.suedtirolmobil.info/de

Fahrkarten erhält man bei autorisierten Verkaufsstellen, beispielsweise Tabakgeschäften *(tabacchi)*, ferner an den Fahrkartenautomaten in den Bahnhöfen, in manchen Bussen und online über die südtirolmobil-App (s. S. 124). Neben **Einzelfahrkarten** im Ortsbereich bzw. innerhalb einer Tarifzone (1,50 € pro Fahrt) gibt es für Bozen und Meran auch **Tageskarten** (4 €).

Wichtig: Alle Fahrkarten müssen **zu Beginn jeder einzelnen Fahrt entwertet** werden. Die Karte wird vom Entwertungsschlitz eingezogen und kommt nach wenigen Sekunden wieder zum Vorschein. Man findet die **blauen Entwerter** entweder in den Bussen, an den Bahnhöfen oder vor dem Einstieg in die Seilbahnen.

Für Urlauber, die mehrere Tage in Südtirol weilen und häufig den ÖPNV und die Seilbahnen benutzen wollen, lohnt sich die **Mobilcard** (s. unten).

Vorteilskarten

Die **Mobilcard** und die **museumobil Card** sind an allen Verkaufsstellen des Südtiroler Verkehrsverbundes, in den Tourismusvereinen sowie in einigen Beherbergungsbetrieben und Museen erhältlich. Die **Mobilcard** kann zudem am **Fahrkartenautomaten** gekauft werden.

Mobilcard

Mit der Mobilcard kann man an **einem, drei oder sieben Tagen** alle **öffentlichen Verkehrsmittel** in ganz Südtirol **unbegrenzt nutzen**, inklusive einiger **Seilbahnen.** Es gibt sie für Erwachsene (ein Tag 20 €, drei Tage 30 €, sieben Tage 45 €) und für Kinder und Jugendliche von 6 bis 13 Jahren (ein Tag 10 €, drei Tage 15 €, sieben Tage 22,50 €). Die Mobilcard ist

072bm-se

nicht übertragbar. Sie muss zu Beginn jeder Fahrt ohne Angabe des Bestimmungsortes entwertet werden (bei Bahnfahrten bereits am Bahnhof bzw. Bahnsteig). Ab dem Tag der ersten Benutzung ist die Mobilcard einen, drei bzw. sieben aufeinanderfolgende Kalendertage lang gültig. Das Ablaufdatum wird bei der ersten Entwertung vom Automaten auf der Karte vermerkt.

Tipp: Viele Hotels und Pensionen stellen ihren Gästen als zusätzlichen Service die **Mobilcard kostenlos** zur Verfügung.

› www.mobilcard.info

bikemobil Card

Mit der bikemobil Card kann man von April bis Oktober an **einem Tag** alle öffentlichen Verkehrsmittel in ganz Südtirol unbegrenzt nutzen und zusätzlich **ein Fahrrad ausleihen.**

Die Räder sind in den teilnehmenden **Verleihstellen** entlang der Bahnlinien sowie in verschiedenen Außenstellen mit der **Kennzeichnung „Südtirol Rad", „Papin Sport"** oder **„Südtirolbike"** verfügbar. Achtung: Räder, die bei „Südtirol Rad" ausgeliehen werden, können nur bei einer Verleihstelle von „Südtirol Rad" abgegeben werden. Gleiches gilt für Räder, die bei „Papin Sport" ausgeliehen wurden.

› **Preise:** Erwachsene 30 €, Kinder 6–13 Jahre 15 €

› **Infos:** www.suedtirolmobil.info/de/tickets/ticketfinder/bikemobil-card, www.suedtirol-rad.com, www.papinsport.com, www.suedtirolbike.info

◁ *Die nostalgische Rittner Schmalspurbahn (s. S. 53) verbindet Oberbozen mit Klobenstein*

museumobil Card

Diese Vorteilskarte berechtigt **an drei oder sieben Tagen** neben der Nutzung des öffentlichen Nahverkehrs auch zum **kostenlosen Eintritt in 90 teilnehmende Museen** und Ausstellungen in ganz Südtirol (drei Tage 55 €, sieben Tage 65 € bzw. 27,50 €/32,50 € für 6- bis 13-Jährige). Eine vollständige **Liste der teilnehmenden Museen** bekommt man hier:

› www.suedtirolmobil.info/fileadmin/pdf/230228_Liste_museumobil_Card_de_2_2023.pdf

Südtirol Guest Pass

Zahlreiche Beherbergungsbetriebe in Südtirol stellen ihren Gästen den Südtirol Guest Pass zur Verfügung. Mit dem Ticket können alle **öffentlichen Verkehrsmittel** in Südtirol genutzt und zum Teil noch **weitere Angebote** in Anspruch genommen werden.

Taxi

› **Funktaxi Bozen:** Tel. 0471 981111

› **Radio Taxi Funk Merano:** Tel. 0473 212013

Wetter und Reisezeit

Prinzipiell ist die Region rund um Bozen und Meran zu jeder Jahreszeit empfehlenswert. Die Sonne scheint in Südtirol an ca. 300 Tagen; auch im Herbst und Winter gibt es viele schöne Tage. Als **ideale Reisezeit** bieten sich der Frühling und Frühsommer sowie der Herbst an. Bereits Ende Februar/Anfang März, wenn in Deutschland noch der Winter das Zepter führt, blühen in Bozen und Meran bereits die ersten

073bm-se

Bäume und der Frühling zieht über die Weinberge ins Land. Eine wahre Blütenpracht herrscht dann ab April. Auch im Mai und Juni ist es noch sehr angenehm, während das Thermometer im Juli und August häufig die 30-Grad-Marke übersteigt. Besonders im **Bozner Kessel** kann es zu dieser Jahreszeit heiß und stickig werden. Für Bergsteiger, die in hohe Regionen vordringen wollen, ist der Sommer dagegen eine ideale Jahreszeit.

Im **September** beginnt die eigentliche **Südtiroler Hochsaison.** Viele Reisende entfliehen dem Nebelgrau des Nordens und flüchten sich in die Südtiroler Herbstsonne. Noch bis weit in den November herrschen milde Temperaturen und ein wunderbar warmes Licht, perfekt für Wanderer und Genießer. Denn im Herbst präsentiert die Südtiroler Gastronomie die geernteten Schätze des Sommers – von Kastanien über Pilze bis hin zu jungem Wein – und veranstaltet das beliebte **Törggelen** (s. S. 12).

Im Dezember locken stimmungsvolle **Christkindlmärkte** Besucher nach Bozen und Meran (s. S. 10 und S. 12), im Januar und Februar ist die Zeit der Wintersportler.

‹ Der Frühling ist eine ideale Reisezeit für Besucher Südtirols

› Der Schaukler in der Kirche Sankt Prokulus in Naturns **41** *zählt zu den ältesten kirchlichen Wandmalereien Mitteleuropas*

Durchschnitt	Wetter in Bozen und Meran											
Maximale Temperatur	7°	10°	16°	20°	24°	28°	31°	30°	25°	18°	11°	7°
Minimale Temperatur	–3°	–1°	4°	8°	12°	15°	17°	17°	13°	8°	2°	–3°
Regentage	3	3	5	7	9	9	9	9	7	7	7	4
	Jan	Febr	März	Apr	Mai	Juni	Juli	Aug	Sept	Okt	Nov	Dez

077bm-se

Kleine Sprachhilfe Italienisch

Die Sprachhilfe entstammt dem Kauderwelsch-Sprachführer **„Italienisch – Wort für Wort“** aus dem Reise Know-How Verlag.

Aussprache

Hier sind diejenigen Buchstaben(kombinationen) aufgeführt, deren Aussprache abweichend vom Deutschen ist bzw. sein kann.

ie, ai, eu	Doppellaute werden immer getrennt ausgesprochen, also „i-e“, „a-i“, „e-u“.
c	wie „k“ vor den Selbstlauten a, o, u; wie „tsch“ in „Matsch“ vor den Selbstlauten e, i
ch	wie „k“
g	wie „g“ vor den Selbstlauten a, o, u; wie „dsch“ in „Dschungel“ vor den Selbstlauten e, i
gh	wie „g“
gli	wie „lj“
gn	wie „nj“ in „Tanja“
h	stumm, wird nicht gesprochen
r	gerolltes Zungenspitzen-r
s	am Wortanfang immer stimmloses „s“ wie in „Bus“; in der Wortmitte zwischen Selbstlauten stimmhaftes „s“ wie in „Rose“
st	spitzes „st“ wie in „Hast“
v	wie „v“ in „Vase“
z	stimmhaftes „ds“ wie in „Rundsaal“

Zahlen

0	*zero*	16	*sedici*	50	*cinquanta*
1	*uno*	17	*diciassette*	60	*sessanta*
2	*due*	18	*diciotto*	70	*settanta*
3	*tre*	19	*diciannove*	80	*ottanta*
4	*quattro*	20	*venti*	90	*novanta*
5	*cinque*	21	*ventuno*	100	*cento*
6	*sei*	22	*ventidue*	200	*duecento*
7	*sette*	23	*ventitré*	300	*trecento*
8	*otto*	24	*ventiquattro*	400	*quattrocento*
9	*nove*	25	*venticinque*	500	*cinquecento*
10	*dieci*	26	*ventisei*	600	*seicento*
11	*undici*	27	*ventisette*	700	*settecento*
12	*dodici*	28	*ventotto*	800	*ottocento*
13	*tredici*	29	*ventinove*	900	*novecento*
14	*quattordici*	30	*trenta*	1000	*mille*
15	*quindici*	40	*quaranta*	2000	*duemila*

Die wichtigsten Richtungsangaben

(a) sinistra	(nach) links	*indietro*	zurück
(a) destra	(nach) rechts	*vicino*	nah
diritto	geradeaus	*lontano*	weit

+++ Die wichtigsten Wörter mit dem Bonus-Audiotrack des Kauderwelsch-

qui, qua	hier	*all'angolo*	an der Ecke
lì, là	dort	*all'incrocio*	an der Kreuzung
accanto	nebenan	*al semaforo*	an der Ampel
di fronte	gegenüber	*in centro*	im Zentrum
davanti	vor, vorne	*fuori città*	außerhalb der Stadt

Die wichtigsten Fragewörter

chi?	wer?	*quando?*	wann?
che (cosa)?	was?	*perchè?*	warum?
come?	wie?	*quanto?*	wieviel?
dove?	wo(hin)?	*quanti/-e?*	wie viele?
di/da dove?	woher?	*quale?*	welche(r)?

Die wichtigsten Zeitangaben und Wochentage

oggi	heute	*(più) tardi*	spät(er)
domani	morgen	*di mattina*	morgens
dopodomani	übermorgen	*a mezzogiorno*	mittags
ieri	gestern	*di sera*	abends
l'altro ieri	vorgestern	*di notte*	nachts
adesso, ora	jetzt	*lunedì*	Montag
subito	sofort	*martedì*	Dienstag
fra poco	bald	*mercoledì*	Mittwoch
sempre	immer	*giovedì*	Donnerstag
prima	vorher	*venerdì*	Freitag
dopo	nachher	*sabato*	Samstag
(più) presto	früh(er)	*domenica*	Sonntag

Die wichtigsten Fragen und Bitten

Gibt es ...?	*C'è ...?*
Ich brauche ...	*Ho bisogno di ...*
Ich möchte / Ich will ...	*Vorrei ... / Voglio ...*
Geben Sie mir bitte ...	*Mi dia ..., per favore.*
Wo kann man ... kaufen?	*Dove si può comprare ...?*
Wieviel kostet ...?	*Quanto costa / viene ...?*
Wieviel kostet das?	*Quanto costa?*
Was ist das?	*Che cosa è questo?*
Wo ist / befindet sich ...?	*Dov'è ...?*
Ich möchte nach ... fahren	*Vorrei andare a ...*
Wie komme ich nach ...?	*Come faccio ad andare a ...?*
Wieviel kostet die Fahrt nach ...?	*Quanto costa il viaggio per ...?*
Ist das der Zug nach ...?	*È questo il treno per ...?*
Wann fährt der Bus nach ... ab?	*A che ora parte l'autobus per ...?*
Bringen Sie mich bitte zu / nach ... (im Taxi)	*Mi porti a ..., per favore.*

Die wichtigsten Floskeln und Redewendungen

ja - nein	*sì - no*
bitte (um etw. bitten)	*per favore*
Bitteschön! (anbieten)	*Prego!*
(Vielen) Dank!	*Grazie (tanto)!*
Keine Ursache!	*Di niente! / Non c'è di che!*
Guten Morgen / Tag!	*Buongiorno!*
Guten Abend!	*Buona sera!*
Herzlich willkommen!	*Benvenuto! / Benvenuta!*
Wie geht es dir / Ihnen?	*Come stai / sta?*
(Sehr) gut. - Schlecht.	*(Molto) bene. - Male.*
Auf Wiedersehen! (du / Sie)	*Arrivederci! / ArrivederLa!*
Hallo!, Tschüss!	*Ciao!*
Bis später! / Bis morgen!	*A più tardi! / A domani!*
In Ordnung!	*Va bene!, D'accordo!*
Ich weiß (es) nicht.	*Non (lo) so.*
Guten Appetit!	*Buon appetito!*
Zum Wohl!, Prost!	*Salute!, Cin cin!*
Die Rechnung, bitte!	*Il conto, per favore!*
Entschuldige/n Sie!	*Scusa! / Scusi!*
Es tut mir leid!	*Mi dispiace.*
Gestatten!, Darf ich?	*Permesso?*
(Sehr) gern!	*(Molto) volentieri!*
Sag / sagen Sie mir!	*Dimmi! / Mi dica!*
Helfen Sie mir bitte!	*Mi aiuti, per favore!*
Hilfe!	*Aiuto!*

Nichts verstanden? – Weiterlernen!

Ich spreche nicht gut Italienisch.	*Non parlo bene l'italiano.*
Ich möchte Italienisch lernen.	*Vorrei imparare l'italiano.*
Wie bitte?	*Come?*
Was haben Sie gesagt?	*Come ha detto?*
Ich habe nicht verstanden!	*Non ho capito!*
Sprechen Sie Englisch?	*Parla l'inglese?*
Wie sagt man auf Italienisch?	*Come si dice in italiano?*
... auf Deutsch	*... in tedesco*
... auf Englisch	*... in inglese*
... auf Französisch	*... in francese*
... auf Niederländisch	*... in olandese*
Wie spricht man dieses Wort aus?	*Come si pronuncia questa parola?*
Wiederholen Sie bitte!	*Ripeta, per favore!*
Können Sie bitte langsamer sprechen?	*Può parlare più lentamente, per favore?*
Können Sie mir das bitte aufschreiben?	*Me lo può scrivere, per favore?*

Im Restaurant bestellen

Können wir bitte die Speisekarte / Getränkekarte haben?	*Possiamo avere il menù / la lista delle bevande, per favore?*
Wir möchten bitte bestellen.	*Vorremmo ordinare.*
Was können Sie uns empfehlen?	*Cosa ci consiglia?*
Was ist das Tagesgericht?	*Cos'è il piatto del giorno?*
Was sind die Spezialitäten der Gegend?	*Quali sono le specialità della regione?*
Ich nehme als Vorspeise / ersten Gang / zweiten Gang ...	*Prendo come antipasto / primo piatto / secondo piatto ...*
Die Rechnung, bitte.	*Il conto, per favore.*
Stimmt so, danke.	*Va bene così, grazie.*

Die wichtigsten Einkaufsfloskeln

Ich suche ...	*Cerco ...*
Haben Sie ...?	*Ha ...?*
Wo kann ich ... finden?	*Dove posso trovare ...?*
Gibt es hier einen Markt?	*C'è un mercato qui?*
Wo ist der nächste Supermarkt?	*Dov'è il supermercato più vicino?*
Könnten Sie mir bitte helfen?	*Mi potrebbe aiutare, per cortesia?*
Ich hätte gern ...	*Vorrei ...*
Geben Sie mir bitte ...	*Mi dà ..., per favore.*
Wie viel kostet das?	*Quanto costa?*
Wie viel kostet das Kilo?	*Quanto costa al chilo?*
Etwas weniger / mehr, bitte.	*Un po' di meno / più, per favore.*
Danke, das genügt.	*Basta così, grazie.*
Danke, das ist alles.	*Grazie, è tutto.*
Um wie viel Uhr öffnen / schließen Sie?	*A che ora apre / chiude?*

Die wichtigsten Begriffe im Restaurant

menù	Speisekarte	*antipasto*	Vorspeise
primo	erster Gang	*secondo*	zweiter Gang
dessert (m)	Nachspeise	*porzione (w)*	Portion
piatto del giorno	Tagesgericht	*lista delle bevande*	Getränkekarte
piatto	Teller	*tazza*	Tasse
vino	Wein	*birra*	Bier
acqua	Wasser	*pane (m)*	Brot
bottiglia	Flasche	*bicchiere (m)*	Glas
coperto	Gedeck	*posate*	Besteck
forchetta	Gabel	*coltello*	Messer
cucchiaio	Löffel	*minestra*	Suppe
carne (w)	Fleisch	*pesce (m)*	Fisch
frutta	Obst	*verdura*	Gemüse
contorno	Beilage	*insalata*	Salat

Register

Impressum

Sven Eisermann

CityTrip Bozen und Meran

© Reise Know-How Verlag
Peter Rump GmbH

3., neu bearbeitete und aktualisierte Auflage 2024

Alle Rechte vorbehalten.

ISBN 978-3-8317-3903-5

Printed in Germany

Druck und Bindung:
mediaprint solutions GmbH, Paderborn

Herausgeber: Klaus Werner
Layout: amundo media GmbH (Umschlag, Inhalt), Peter Rump (Umschlag)
Lektorat: amundo media GmbH
Karten: Ingenieurbüro K. Wendler, amundo media GmbH
Anzeigenvertrieb: KV Kommunalverlag GmbH & Co. KG, Alte Landstraße 23, 85521 Ottobrunn, Tel. 089 928096-0, info@kommunal-verlag.de
Kontakt: Reise Know-How Verlag Peter Rump GmbH, Osnabrücker Str. 79, 33649 Bielefeld, Deutschland, Tel. +49-521-946490, info@reise-know-how.de

Alle Angaben in diesem Buch sind gewissenhaft geprüft. Preise, Öffnungszeiten usw. können sich jedoch schnell ändern. Für eventuelle Fehler übernehmen Verlag wie Autor keine Haftung.

Bildnachweis
Umschlagvorderseite: ©Ingo Bartussek, stock.adobe.com | Umschlagrückseite: Nadja Werner
Umschlagklappe rechts: ©saiko3p, stock.adobe.com
Soweit ihre Namen nicht vollständig am Bild vermerkt sind, stehen die Kürzel an den Abbildungen für die folgenden Fotografen, Firmen und Einrichtungen. Sven Eisermann: se | Nadja Werner: nw

Liste der Karteneinträge

Bozen (Karte I)

Bozen und Meran mit PC, Smartphone & Co.

QR-Code auf dem Umschlag scannen oder **www.reise-know-how.de/citytrip/bozen24** eingeben und die **kostenlose Web-App** aufrufen (Internetverbindung zur Nutzung nötig)!

★**Anzeige der Lage und Satellitenansicht aller** beschriebenen Sehenswürdigkeiten und touristisch wichtigen Orte
★**Routenführung** vom aktuellen Standort zum gewünschten Ziel
★**Exakter Verlauf** der empfohlenen Stadtspaziergänge
★**Audiotrainer** der wichtigsten Wörter und Redewendungen
★**Updates** nach Redaktionsschluss

GPS-Daten zum Download

Die GPS-Daten aller Ortsmarken und Spaziergänge stehen auf der Produktseite des Titels auf www.reise-know-how.de zum Download zur Verfügung.

Stadtplan für mobile Geräte

Um den Stadtplan auf Smartphones und Tablets nutzen zu können, empfehlen wir die App „Avenza Maps" der Firma Avenza™. Über die Funktion „Store" können die „Citymap2 Bolzano 2024" und die Citymap2 Merano 2024" kostenlos geladen werden.

Die Information über und die Bereitstellung von digitalen Zusatzinhalten (z. B. Web-App, Links, GPS-Tracks o. Ä.) ist eine freiwillige Zusatzleistung des Verlages, auf die kein Anspruch besteht und für deren Richtigkeit aufgrund der Veränderlichkeit solcher Informationen auch nicht gehaftet werden kann. Insbesondere behält sich der Verlag deshalb vor, die Bereitstellung und die Zugriffsmöglichkeit zeitlich zu befristen und den Zugriff hierauf auch vorfristig abzuschalten.

Meran (Karte II)

Hier nicht aufgeführte Nummern liegen außerhalb der abgebildeten Karten. Ihre Lage kann aber wie die von allen Ortsmarken im Buch mithilfe der Web-App angezeigt werden (s. S. 141).

Benutzungshinweise

Cleveres Nummernsystem

Die Sehenswürdigkeiten sind im Text und im Kartenmaterial mit derselben **magentafarbenen ovalen Nummer** ❶ markiert. Alle anderen Lokalitäten wie Geschäfte, Restaurants usw. tragen ein **Symbol und eine fortlaufende rote Nummer** (1).

Bewertung der Sehenswürdigkeiten

★★★ nicht verpassen
★★ besonders sehenswert
★ wichtig für speziell interessierte Besucher

Planquadrat im Kartenmaterial

[A1] Orte ohne diese Angabe liegen außerhalb unserer Karten. Alle Ortsmarken werden in der buchbegleitenden Web-App angezeigt (s. S. 141).

Der Schmetterling ...

zeigt an, wo man Angebote im Bereich des nachhaltigen Tourismus findet.

MEIN TIPP

Persönliche Empfehlungen des Autors bzw. der Autoren.

Preiskategorien

Gastronomie

€ bis 15 €
€€ 15–25 €
€€€ über 25 €

Die Preise gelten für ein Hauptgericht pro Person ohne Getränk.

Unterkünfte

€ bis 100 €
€€ 100–200 €
€€€ über 200 €

Die Preise gelten für zwei Personen im Doppelzimmer mit Frühstück.

Updates zum Buch

www.reise-know-how.de/citytrip/bozen24

Schreibweise der Orte und Straßen

Da die deutsche und die italienische Sprache in Südtirol gleichberechtigt sind, sind die **Sehenswürdigkeiten** hier im Buch nur mit ihrem **deutschen Namen** benannt. Bei den reisepraktischen Angaben am Ende jeder Sehenswürdigkeit ist zusätzlich die **italienische Bezeichnung** angegeben. Weil **Straßennamen** vor Ort stets zweisprachig beschildert sind, wird in Text und Karte auf die italienische Bezeichnung verzichtet.

Zeichenerklärung

- Sehenswürdigkeit
- Arzt, Apotheke, Krankenhaus
- Aussichtspunkt
- Bar, Treffpunkt
- Bibliothek
- Brunnen
- Café, Eisdiele
- Denkmal
- Galerie
- Geschäft, Kaufhaus, Markt
- Hotel, Unterkunft, Apartments
- Imbiss
- Informationsstelle
- Jugendherberge, Hostel
- Kirche
- Kneipe, Biergarten, Pub
- Museum
- Musikszene, Disco, Club
- Parkplatz
- Pension, Bed & Breakfast
- Polizei
- Post
- Restaurant
- Schwimmbad
- Sport-/Spieleinrichtung
- Sonstiges
- Synagoge
- Theater
- Vegetarisches Restaurant
- Weinberg

Stadtspaziergänge (s. S. 22 und S. 76)

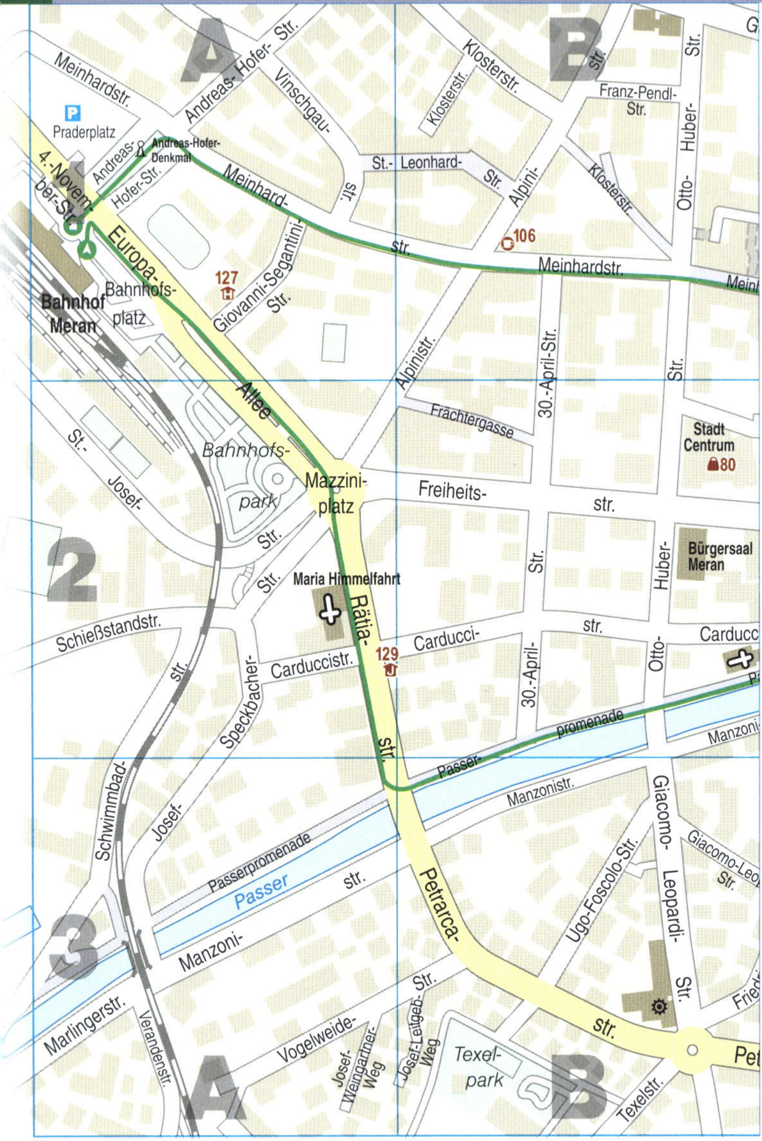
A
B
Meinhardstr.
Andreas-Hofer-Str.
Vinschgau-str.
Klosterstr.
Klosterstr.
Klosterstr.
Franz-Pendl-Str.
Otto-Huber-Str.
Praderplatz
Andreas-Hofer-Denkmal
Andreas-Hofer-Str.
4.-November-Str.
St.-Leonhard-Str.
Meinhard-str.
Alpini-
106
Meinhardstr.
Mein
Europa-Allee
Bahnhof Meran
Bahnhofsplatz
127
Giovanni-Segantini-Str.
Alpinistr.
30.-April-Str.
Str.
Frächtergasse
Stadt Centrum
80
St.-Josef-Str.
Bahnhofs-park
Mazziniplatz
Freiheits-str.
2
Str.
Huber-
Bürgersaal Meran
Maria Himmelfahrt
Schießstandstr.
Rätia-str.
Carducci-str.
Carduccistr.
129
30.-April-
Otto-
Carducc
str.
Speckbacher-Str.
Passer-promenade
Manzoni
Schwimmbad-
Josef-
Manzonistr.
Giacomo-Leopardi-Str.
Giacomo-Leo Str.
Passerpromenade
Passer
Petrarca-str.
Ugo-Foscolo-Str.
3
Manzoni-str.
Marlingerstr.
Verandenstr.
Vogelweide-Str.
Josef-Weingartner-Weg
Josef-Leitgeb-Weg
Texelpark
Friedr
Pet
Texelstr.